Andreas Gefken

Gut vernetzt – gut integriert?

D1724082

Andreas Gefken

Gut vernetzt – gut integriert?

Soziales Kapital und seine Bedeutung
für türkische Migranten

Tectum Verlag

Andreas Gefken

Gut vernetzt – gut integriert?
Soziales Kapital und seine Bedeutung für türkische Migranten
ISBN: 978-3-8288-2611-3
Umschlagabbildung: © Freesurf - Fotolia.com
© Tectum Verlag Marburg, 2011

Besuchen Sie uns im Internet
www.tectum-verlag.de

Bibliografische Informationen der Deutschen Nationalbibliothek
Die Deutsche Nationalbibliothek verzeichnet diese Publikation in der
Deutschen Nationalbibliografie; detaillierte bibliografische Angaben sind
im Internet über http://dnb.ddb.de abrufbar.

Inhaltsverzeichnis

Abbildungsverzeichnis

1 Einleitung: Integration durch Vernetzung?

„Integration" ist mittlerweile zu einem umkämpften Begriff geworden: Während auf der einen Seite vor angeblichen „Parallelgesellschaften" gewarnt wird, denen eine gemeinsame „Leitkultur" gegenübergestellt werden müsse, steht auf der anderen Seite die Vorstellung einer multikulturellen Gesellschaft, in der Deutsche und Zugewanderte friedlich und vermeintlich konfliktfrei nebeneinander leben. Doch deuten politische und mediale Reizbegriffe wie „Ausländerkriminalität", „Kopftuchverbot" oder „Moscheenstreit" auf ein alles andere als harmonisches Bild hin.[1] Besonders den Eingewanderten aus der Türkei wird verstärkt seit Ende der 1990er Jahre in oftmals normativ verengten politischen Debatten die Bereitschaft zur „Anpassung" abgesprochen.[2] Gerade türkischstämmige Jugendliche gelten als schwer integrierbar. Ihre Eltern „richteten sich ein in Ghettos, sie knüpften keine Kontakte zu Deutschen, und all das erschwerte auch ihren Kindern den Weg in die neue Gesellschaft"[3] schreibt „Der Spiegel" vom 26.01.2009 unter der Überschrift „Für immer fremd".

Aus einem anderen Blickwinkel wird eher das Problem der „Ausgrenzung" von Migranten aus der Gesellschaft betont.[4] Diskriminierung und Stigmatisierung türkischer Migranten stellten eine Integrationsbarriere dar und beförderten Rückzugstendenzen von Zugewanderten in die eigene ethnische Gemeinschaft, so das Argument.[5] Der Spielball liege auf Seiten der deutschen „Aufnahmegesellschaft", denn sie habe es lange versäumt, dauerhaft Zugewanderten Integrationsmöglichkeiten zu geben. So wurde zum Beispiel bis in die 1980er Jahre hinein die Rückkehr sog. Gastarbeiter ins Heimatland finanziell belohnt und da-

---

1   Vgl. Berlin-Institut für Bevölkerung und Entwicklung 2009: 4.

2   Vgl. Treibel 1999: 62.

3   Elger/Kneip/Theile 2009: 34.

4   Vgl. bspw. Bremer/Gestring 2004. Zur sprachlichen Vereinfachung wird hier und im Folgenden auf den Zusatz -„innen" verzichtet. Sofern nicht explizit ausgewiesen, sind z.B. bei „Migranten" immer auch „Migrantinnen" gemeint.

5   Vgl. Rippl 2008: 488 f.

durch integrationsbereiten Zugewanderten falsche Signale gegeben.[6] Die staatlich organisierte Anwerbung ausländischer Arbeitskräfte hätte einer sozialpolitisch fundierten Einwanderungspolitik bedurft – doch entgegen jeder Realität galt Deutschland lange Zeit nicht als Einwanderungsland.

Ein Blick auf die heutige Situation enthüllt die Folgen dieser Politik: Insbesondere türkische Migranten gelten im Vergleich zu anderen Migrantengruppen als sozial benachteiligt. Sie sind häufiger arbeitslos, von Armut betroffen und schlechter ausgebildet.[7] Längst kann in diesem Zusammenhang nicht mehr die Rede von einem Minderheitenproblem sein. Mittlerweile haben fast 20 % der Bevölkerung Deutschlands einen Migrationshintergrund, davon stellen türkische Migranten eine der größten Gruppen dar.[8]

Statt eine Frontstellung beider Perspektiven zu zementieren, so wird zunehmend betont, muss von Integration als einem zweiseitigen Prozess gesprochen werden.[9] Sowohl die Offenheit des Ziellandes von Migration als auch die Bereitschaft der Zugewanderten an der dortigen Gesellschaft teilzunehmen, gelten als Bedingungen für eine gleichberechtigte gesellschaftliche Partizipation unabhängig von ethnischer Herkunft. Doch gerade am Beispiel türkischer Migranten wird die Problematik dieses zweiseitigen Prozesses besonders deutlich: So wird ihre Integrationsbereitschaft einerseits mit am stärksten hinterfragt, während andererseits die soziale Distanz der deutschen Bevölkerung gegenüber Türken im Vergleich zu anderen ethnischen Gruppen hoch ist.[10] Sie leben bereits in der dritten Generation in Deutschland, gelten aber, wie der „Der Spiegel" schreibt, als „für immer fremd". Diese auffallende Diskrepanz ist für den Autor der Grund, sich in der vorliegenden Arbeit mit Menschen türkischer Herkunft in Deutschland zu beschäftigen. Die Aufgabe der Sozialwissenschaften muss gerade in diesem normativ aufgeladenen Kontext darin bestehen, einen wissenschaftlich fundierten und ideologisch unverzerrten Integrationsbegriff

---

6   Vgl. Berlin-Institut für Bevölkerung und Entwicklung 2009: 4.

7   Vgl. ebd.; Statistisches Bundesamt 2009: 7.

8   Vgl. Berlin-Institut für Bevölkerung und Entwicklung 2009: 4 f.

9   Vgl. Esser 2001: 40 f.; vgl. Bundesregierung 2010

10   Vgl. ebd.: 29.

gegen verkürzte (und verkürzende) politische und mediale Diskurse ins Spiel zu bringen.

Doch in den Sozialwissenschaften gibt es diverse Deutungsangebote, was unter „Integration" verstanden werden kann. Eine sozialwissenschaftliche Definition des Begriffs kann sich bisher auf keine allgemeine Theorie stützen, die eine erschöpfende Erklärung bietet.[11] Als kleinster gemeinsamer Nenner wird bspw. von Hartmut Esser Integration als der „Zusammenhalt von Teilen in einem systemischen Ganzen"[12] definiert. In einer weiteren begrifflichen Präzisierung kann zwischen Systemintegration und sozialer Integration unterschieden werden.[13] Systemintegration thematisiert den Zusammenhalt der Teile eines sozialen Systems unabhängig von den Motiven und Beziehungen konkreter Akteure.[14] Systemintegration wird „über anonyme, nicht an identifizierbare, einzelne ‚Personen' unmittelbar gebundene Mechanismen gesichert."[15], d.h. Märkte, Organisationen und Interaktionsmedien wie z.B. Geld. Ethnische Konflikte, die zu politischen Spaltungen führen oder ganze Gruppen von der Teilhabe am Marktgeschehen ausschließen, wären Beispiele gescheiterter Systemintegration.

Der Begriff der Sozialintegration hingegen zielt auf Beziehungen zwischen Akteuren ab.[16] Integration ist in dieser Perspektive eine Frage der kooperativen oder konflikthaften sozialen Beziehungsmuster konkreter Individuen, die auf Basis ihrer Wahrnehmung der sozialen Welt aufeinander bezogen handeln. Soziale *Relationen von Individuen* stehen im Vordergrund der Betrachtung, d.h. die Häufigkeit und Art sozialer Kontakte, Interaktionen und Tauschvorgänge zwischen Zugewanderten und Angehörigen der Aufnahmegesellschaft. Soziale Isolation oder die Schließung sozialer Kreise entlang unterschiedlicher ethnischer Selbst- und Fremdzuschreibungen (abgeschlossene Netzwerke, selbstgenügsame „ethnische Kolonien") wären dann Anzeichen einer missglückten Sozialintegration. Interethnische Beziehungen in der Nachbar-

---

11   Vgl. Münch 1997.
12   Vgl. Esser 2001: 1.
13   Vgl. Gestring et al. 2006; Lockwood 1969; Esser 2001.
14   Vgl. Esser 2001: 3.
15   Vgl. ebd.: 6.
16   Vgl. ebd.: 3 f.

schaft oder im Freundeskreis, d.h. in diesem Fall zwischen türkischen Migranten und Deutschen, sind hingegen eine „besonders nachhaltige Form sozialer Integration".[17]

Diese beiden Ebenen von Integration sind nicht zwingend miteinander verkoppelt. So kann es sein, dass eine Gesellschaft auf systemischer Ebene integriert ist (z.b. über eine stabile politische Ordnung oder über das Marktgeschehen) aber nicht auf der Ebene sozialer Beziehungsmuster. Betrachtet man nur die Systemebene, geraten Konflikte auf der Ebene konkreter sozialer Beziehungen aus dem Blick. Im Extremfall könnte ethnische Segmentation[18] eine gelungene Systemintegration unterhöhlen, wenn eine Gesellschaft in abgeschlossene soziale Netzwerke zerfällt und sich Etablierten-Außenseiter-Problematiken[19] ergeben. Ökonomische, politisch-rechtliche und kulturelle Aspekte der Integration bedürfen daher dringend einer Ergänzung um die Frage nach der sozialen Einbettung von Zugewanderten in soziale Figurationen, d.h. Netzwerke, Gruppen und soziale „Verflechtungszusammenhänge"[20] – dies ist der hier gewählte Ausgangsgedanke. Hingegen muss der in politischen und medialen Diskursen verwendete Integrationsbegriff in diesem Punkt als unzureichend bezeichnet werden, da er sich häufig auf allgemeine und oft abstrakt bleibende „Teilhabechancen" von Migranten konzentriert.

Die Integration türkischer Migranten unter dem Aspekt ihrer konkreten sozialen Vernetzung zu betrachten, eröffnet den Blick auf Phänomene, die sich aufgrund ihrer vermeintlichen Selbstverständlichkeit einer kritischen Thematisierung nicht von alleine anbieten. Auf den ersten Blick haben die meisten Menschen unabhängig von ethnischer Herkunft soziale Beziehungen – in der Nachbarschaft, im Freundes- und Bekanntenkreis und in der Familie. Die Frage ist hier allerdings,

---

17   Ebd.: 12.

18   „Ethnische Segmentation" bezeichnet die Sozialintegration von Migranten in ihr eigenes ethnisches Milieu und den gleichzeitigen Ausschluss aus den Milieus der Aufnahmegesellschaft; vgl. Esser 2001: 20. Der Begriff der „Segregation" hingegen steht für „die disproportionale Verteilung einer Bevölkerungsgruppe über räumliche Einheiten", z.B. in einer Stadt; vgl. Friedrichs 2008: 382.

19   Vgl. Elias/Scotson 1990.

20   Vgl. Elias 2004.

mit *wem* türkische Migranten sozial vernetzt sind. Diese Frage ist von zentraler Bedeutung für das Thema der Integration und für die folgende Argumentation.

Einerseits gelten regelmäßige soziale Kontakte zu Angehörigen der deutschen Gesellschaft als hilfreich für Migranten. Sie spielen bspw. eine wichtige Rolle beim Erwerb der deutschen Sprache und können durch Sprachkurse nur unzureichend ersetzt werden.[21] Für die Unterstützung bei Behördengängen oder bei der Vermittlung von Wohnungen erweisen sich interethnische Kontakte ebenfalls als günstig.[22] Jobmöglichkeiten auch außerhalb des eigenen Milieus zu finden ist nicht nur eine Frage von Bildung und Qualifikation, sondern ist auch von Beziehungen zur Aufnahmegesellschaft abhängig, die Informationen über freie Stellen liefern können.[23] In diesem Sinne stellen interethnische Beziehungen *„soziales Kapital"* bereit. Hinter diesem Begriff steht allgemein die Annahme, dass aus sozialen Beziehungen Vorteile in Form von Ressourcen und Informationen entstehen, die den Lebensstandard und die Lebensqualität von Menschen erhöhen und für die soziale Positionierung eines Akteurs entscheidend sein können.[24] Soziale Vernetzung mit Deutschen ist aus dieser Perspektive ein Indikator sozialer Integration, indem sie „aufnahmelandspezifisches Sozialkapital"[25] produziert, d.h. Sozialkapital, welches Migranten in der deutschen Gesellschaft wieder einsetzen können, um eine von ihnen gewünschte soziale Positionierung zu erreichen.

Aus einer anderen Perspektive wird hingegen gerade die *interne* Vernetzung von Migranten als integrationsförderlich beschrieben. Die These der „Binnenintegration" besagt, dass eine „stärkere Integration der fremdkulturellen Einwanderer in ihre eigenen sozialen Zusammenhänge innerhalb der aufnehmenden Gesellschaft (...) ein positiver Faktor für ihre Integration"[26] sein kann. Gerade interne Vernetzungen

21   Vgl. Esser 2001: 26.

22   Vgl. Schnur 2008: 139.

23   Vgl. Haug/Pointner 2007: 384.

24   Vgl. zur Einführung Franzen/Freitag 2007; Matiaske/Grözinger 2008; Diewald/Lüdicke 2007.

25   Vgl. Haug 2000: 113 ff.

26   Elwert 1982: 718.

innerhalb einer ethnischen Gemeinschaft (zum Beispiel in Form von Vereinen oder Nachbarschaftshilfen) und daraus resultierende soziale Unterstützung könnten prekäre Lebenssituationen abmildern oder bei der Organisation gemeinsamer Interessen hilfreich sein[27], indem „herkunftslandspezifisches Sozialkapital"[28] zwischen Familienmitgliedern oder Personen gleicher ethnischer Herkunft gebildet wird. Gegen die These der Binnenintegration wird allerdings häufig vorgebracht, dass diese Form „interner" Integration die Entstehung „selbstgenügsamer ethnischer Kolonien und Subkulturen"[29] fördere, soziale Distanzen auf beiden Seiten verstärke und zu sozialen Abschließungstendenzen führe – ein Gedanke, der unter dem Zerrbild „Parallelgesellschaft" Eingang in öffentliche Debatten gefunden hat.

Aus dieser Gegenüberstellung von zwei ganz unterschiedlichen Vorstellungen über „nützliches" und „integrationsförderliches" Sozialkapital ergibt sich die zentrale Fragestellung dieses Buches: Begünstigen die sozialen Netzwerke türkischer Migranten und das dort entstehende soziale Kapital eher soziale Integration oder soziale Abschließungstendenzen? Anders formuliert: Ist es für die Integration türkischer Migranten in die deutsche Gesellschaft günstiger, wenn sie sich in erster Linie untereinander vernetzen oder wenn sie soziales Kapital aus Beziehungen zu Deutschen bilden?

Diese Fragestellung soll durch die Zusammenführung zweier Theorieansätze beantwortet werden: dem Sozialkapitalbegriff Pierre Bourdieus und der sozialen Netzwerkanalyse. Diese Zusammenführung erscheint aus zwei Gründen vielversprechend: Das Sozialkapitalkonzept Bourdieus ist in eine gehaltvolle Theorie eingebettet, die sich stärker als bisher für die Diskussion um das Sozialkapital nutzen ließe. Soziales Kapital definiert Bourdieu als die Menge an Ressourcen, die mit dem Besitz eines Beziehungsnetzwerks verbunden ist.[30] Der Netzwerkbegriff wird von ihm jedoch nicht weiter konkretisiert. Mit der sozialen Netzwerkanalyse stehen hingegen Methoden zur Verfügung, den Entstehungsort sozialen Kapitals präziser zu erfassen und die Theorie

---

27   Vgl. Tränhardt 2000.
28   Haug 2000: 113 ff.
29   Esser 1986: 115.
30   Vgl. Bourdieu 1992a: 63.

Bourdieus an dieser Stelle entscheidend zu ergänzen. Die *sozialen Netzwerke* türkischer Migranten geraten dadurch in den Fokus der Aufmerksamkeit. Zweitens unterscheidet Bourdieu nicht zwischen verschiedenen Formen sozialen Kapitals – im Gegensatz zum kulturellen Kapital.[31] Mit Hilfe von Maßen der sozialen Netzwerkanalyse können jedoch Netzwerktypen voneinander unterschieden werden, in denen verschiedene *Formen sozialen Kapitals* entstehen. Für die Fragestellung der vorliegenden Arbeit ist dann von Interesse, welche Form sozialen Kapitals türkische Migranten in ihren sozialen Netzwerken bilden können um anschließend Vor- und Nachteile dieser Kapitalart im Hinblick auf ihre Integrationsleistung zu beleuchten.

Während in der öffentlichen Debatte um die Integration türkischer Migranten häufig Themen wie Bildung, Sprachkenntnisse oder materielle Lebensverhältnisse im Vordergrund stehen (d.h. ihr kulturelles und ökonomisches Kapital thematisiert wird), soll diese Arbeit dazu beitragen, gerade die Rolle sozialen Kapitals türkischer Migranten für das Integrationsthema aufzuwerten.

Aufgrund der Fülle an Begriffsdefinitionen und Anwendungskontexten der mittlerweile florierenden Sozialkapitalforschung wird zu Beginn von *Kapitel 2* zunächst ein kurzer Forschungsüberblick gegeben (Kapitel 2.1). Vor allem Pierre Bourdieu, James Coleman und Robert Putnam werden in zahlreichen Einführungsartikeln zur Thematik als die Autoren bezeichnet, die zentrale Beiträge zur Debatte geliefert haben.[32] Mit Bourdieu liegt einer der am stärksten ausgearbeiteten Ansätze vor (Kapitel 2.2). Sein Sozialkapitalkonzept kann nicht nur auf einer „Meso-Ebene" sozialer Netzwerke fundiert werden, sondern ermöglicht auch den Blick auf die makrosoziale Ebene, indem es die Frage nach der gesellschaftlichen Verfügbarkeit dieser Kapitalart für ganze Bevölkerungsgruppen aufwirft. Nach einer kurzen Darstellung der Grundzüge seiner Theorie (Kapitel 2.2.1) soll daher sein Konzept des sozialen Kapitals herausgearbeitet werden (Kapitel 2.2.2). Außerdem werden die Sozialkapitalkonzepte Robert Putnams (2.3) und James Colemans (2.4) vorgestellt, da ausgewählte Aspekte beider Ansätze für die spätere Argumentation von Bedeutung sein werden. Von Coleman

---

31   Vgl. dazu vor allem Bourdieu 1982.
32   Vgl. Schuller/Baron/Field 2000; Koob 2007; Haug 1997.

stammt der Gedanke, dass dichte und geschlossene soziale Netzwerke für die Entstehung sozialen Kapitals geeignet sind[33] – ein Gedanke, der eher für die These der Binnenintegration sprechen würde. Gerade aus einer *intraethnischen* Vernetzung (also das Knüpfen sozialer Beziehungen in der eigenen ethnischen Gruppierung) würden türkische Migranten dann besonders gut Vorteile für ihr Leben in Deutschland ziehen können. Putnam hingegen unterscheidet zwischen verschiedenen Formen sozialen Kapitals, von denen ein Begriffspaar, nämlich „bonding social capital" (bindendes Sozialkapital) und „bridging social capital" (Brücken bildendes Sozialkapital)[34], für die hier bearbeitete Thematik besonders zentral ist. Das an Coleman angelehnte „bonding social capital" entsteht in stabilen und verlässlichen sozialen Beziehungen, während „bridging social capital" aus flüchtigen sozialen Kontakten besteht, die Akteure aus unterschiedlichen sozialen Milieus miteinander verbinden und daher auf günstige Art aus dem Nahumfeld geschlossener Netzwerke hinausreichen – ein Gedanke, der die Vorteilhaftigkeit *interethnischer* Kontakte hervorhebt (also Kontakte zwischen türkischen Migranten und Deutschen). An dieser Stelle wird deutlich, dass eine Beantwortung der Frage nach einem integrationsförderlichen Sozialkapital Strukturen und Formen sozialer Netzwerke in den Blick nehmen muss.

In *Kapitel 3* werden daher nach einer kurzen Einführung in den netzwerktheoretischen Ansatz (Kapitel 3.1) Aussagen über die sozialen Netzwerke türkischer Migranten in Deutschland getroffen. Wie sind türkische Migranten in Deutschland sozial vernetzt – und mit wem? (Kapitel 3.2). Das Begriffsinstrumentarium der sozialen Netzwerkanalyse dient in einem zweiten Schritt der Gegenüberstellung zweier Netzwerktypen (Kapitel 3.3), denen je eine Form sozialen Kapitals zugeordnet wird: In welchen Netzwerken entsteht eher „bonding social capital", welche begünstigen eher „bridging social capital"? (Kapitel 3.4).

Nach diesem Zwischenschritt kann in *Kapitel 4* die Frage beantwortet werden, welche Form sozialen Kapitals in den sozialen Netzwerken türkischer Migranten entsteht. Können türkische Migranten aufgrund

---

33   Vgl. Coleman 1988: 105 f.
34   Vgl. Putnam 2000.

ihrer sozialen Vernetzung besser „bonding social capital" oder „bridging social capital" bilden? Welche Vor- und Nachteile ergeben sich dadurch für sie (Kapitel 4.1)? Wie können sie – und hier wird der Kreis zu Bourdieu geschlossen – ihr soziales Kapital in der deutschen Gesellschaft nutzen und erweist sich diese Kapitalart möglicherweise als ein ernst zu nehmender Faktor sozialer Ungleichheit neben Einkommen und Bildung (Kapitel 4.2)?

In *Kapitel 5* werden zentrale Schlussfolgerungen gezogen. Aus dem Blickwinkel des sozialen Kapitals ergeben sich fruchtbare Einsichten in die Debatte um die Integration türkischer Migranten in die deutsche Gesellschaft. Je nach der Form sozialen Kapitals („bonding" oder „bridging") werden entweder soziale Schließungsprozesse begünstigt oder soziale Integration gefördert, so die hier vorgelegte These. Soziales Kapital hat Auswirkungen auf soziale Strukturen, indem jene sozialen Beziehungsmuster verfestigt werden, in denen sich soziales Kapital am meisten „auszahlt". Die Möglichkeiten der Transformation von Kapitalarten, die von Bourdieu beschrieben wurden[35], sind je nach Verortung eines Netzwerks im sozialen Raum unterschiedlich gut. Wenn das soziale Kapital türkischer Migranten in ihren eigen-ethnischen Netzwerken besonders gut in andere Kapitalarten (d.h. ökonomisches und kulturelles Kapital) umgewandelt werden kann, d.h. dort seinen von Bourdieu beschriebenen „Multiplikatoreffekt"[36] zeigt, könnten Anreize zu einer verstärkt binnen-ethnischen Vernetzung bestehen. Unterläge das soziale Kapital türkischer Migranten hingegen keiner Benachteiligung in der Aufnahmegesellschaft, könnte es als Faktor sozialer Integration gesehen werden, da es das Knüpfen sozialer Kontakte auch außerhalb der ethnischen Gemeinschaft fördert.

Kapitel 6 schließlich versucht einen Ausblick auf das Potenzial einer Verknüpfung der Theorie Bourdieus mit der sozialen Netzwerkanalyse zu geben, sowie noch offene Fragen darzustellen, die sich künftiger Forschung anbieten.

---

35   Vgl. Bourdieu 1992a.
36   Ebd.: 64.

2 Soziales Kapital

2.1 Die Diskussion um soziales Kapital

Das Konzept des „sozialen Kapitals" (oder „Sozialkapitals") hat in den letzten Jahren und Jahrzehnten eine enorme wissenschaftliche und auch alltagssprachliche Verbreitung erfahren.[37] Von Sozialkapital ist mittlerweile in einem breiten Themenspektrum die Rede: angefangen bei der Rolle sozialer Unterstützung für Gesundheit und Lebensqualität über die Vorteile strategischer Vernetzung neugegründeter Unternehmen bis hin zu sozialem Kapital als Schlüsselgröße der Entwicklungszusammenarbeit. Der Erfolg des Konzepts verdankt sich dabei vor allem seiner begrifflichen Offenheit und seiner Fähigkeit interdisziplinär anschlussfähig zu sein. Sowohl Soziologie, als auch Politikwissenschaft, Ökonomik, Pädagogik und Psychologie haben den Begriff in eigene Fachdiskurse übernommen. Dabei wird allerdings die Arbeit an der theoretischen Fundierung und empirischen Überprüfung häufig den jeweiligen Nachbardisziplinen überlassen.[38] In vielen Publikationen wird daher auf „eine semantisch-theoretische Ambiguität"[39] oder ein „conceptual stretching"[40] des Begriffs, eine „babylonische Sprachverwirrung"[41] der Diskussion sowie auf theoretische und empirische Defizite[42] des Konzepts verwiesen.

Trotz einer äußerst facettenreichen Verwendung des Begriffs, versteht man unter sozialem Kapital üblicherweise die positiven Auswirkungen für Individuen und Gruppen, die sich aus ihrer Einbettung in soziale Beziehungsstrukturen ergeben.[43] Auf diesen sehr allgemeinen inhaltlichen Konsens gebracht, bezeichnet der Begriff aus soziologischer Sicht

---

37 Vgl. Haug 1997, Portes 1998, Koob 2007: 15.
38 Vgl. Matiaske/Grözinger 2008: 8.
39 Koob 2007: 13.
40 Deth 2001: 280.
41 Twickel 2002: 52.
42 Vgl. Haug 1997.
43 Vgl. Koob 2007: 15.

kaum ein neues Phänomen. Die Grundlagen dieses Gedankens bis an seine Wurzeln zu verfolgen, hieße nichts anderes, als auf einen Großteil der soziologischen Klassiker zu rekurrieren.[44] Der Reiz des Begriffs liegt vielmehr darin, dass soziale Beziehungen und die in ihnen enthaltenen Ressourcen unter einen gemeinsamen Begriff pointiert zusammenfasst werden können. Der Begriff „Kapital" legt nahe, dass positive Auswirkungen sozialer Beziehungen in Form von Handlungsermöglichungen über konkrete Interaktionssituationen hinaus „abgespeichert" werden können.[45] Dieses – später noch weiter zu spezifizierende – Kapital kann als Ressource zur Verfolgung von Zielen wieder eingesetzt werden. Alltagssprachliche Redewendungen geben eine erste Vorstellung davon, dass man Beziehungen „haben" oder „spielen lassen" kann[46] oder dass es nicht nur wichtig ist, „*was* man kennt", sondern auch „*wen* man kennt". Die Rede von sozialem „Kapital" enthält außerdem die (nicht immer unproblematische) Vorstellung, dass in soziale Beziehungen „investiert" werden kann. Verschiedene Ansätze in der Sozialkapitalforschung unterscheiden sich darin, wie stark sie den Faktor sozialer Ungleichheit für die Möglichkeit sozialer Vernetzung, d.h. der Investition in soziales Kapital berücksichtigen und wie weit überhaupt von einer bewussten Investition in soziale Beziehungen ausgegangen werden kann.

Neben dem Versprechen auf eine Präzisierung der Vorteile sozialer Einbettung dürfte ein anderer Erfolgsfaktor für die Karriere des Begriffs „Sozialkapital" darin liegen, dass er die positiven Auswirkungen sozialer Vernetzung betont, während weniger wünschenswerte Konsequenzen ausgeblendet werden.[47] Insbesondere die Thesen des amerikanischen Politikwissenschaftlers Robert Putnam dominieren die aktuelle Debatte. Er vermutet gar, mit sozialem Kapital „the key to making democracy work"[48] gefunden zu haben und verschreibt es als Arznei

---

44   Alejandro Portes verweist auf Durkheims Betonung gemeinschaftlicher Bindungen als Gegenpol zu anomischen Tendenzen der Gesellschaft und auf die Marxsche Unterscheidung zwischen einer atomisierten Klasse „an sich" und einer organisierten Klasse „für sich", vgl. Portes 1998: 2.

45   Vgl. Haug 1997: 10.

46   Vgl. Schultheis 2008: 23.

47   Ausnahmen bilden bspw. Portes 1998; Levi 1996.

48   Putnam 1993: 185.

gegen eine durch Individualisierung geschwächte Zivilgesellschaft. Nicht nur soziale Netzwerke, sondern auch zwischenmenschliches Vertrauen, bürgerschaftliches Engagement, Normen und zivilgesellschaftliche Traditionen bilden seiner Ansicht nach den „stock"[49] („Rohstoff") eines Landes an sozialem Kapital – und produzieren einen kollektiven Nutzen für die Gesamtgesellschaft. Putnam beschreibt in diesem Zusammenhang vor allem die nützlichen externen Effekte, die bspw. Vereine oder bürgerschaftliche Zusammenschlüsse leisten.[50]

Ganz unabhängig von der Plausibilität der Putnamschen Zeitdiagnose[51] erscheint wenig einleuchtend, dass jede Form der Verfestigung und Nutzung sozialer Kontakte auch positive Auswirkungen für die Gesamtgesellschaft hat. Dies zeigt bspw. die Korruptionsforschung[52] oder Analysen zu den Beziehungsnetzen der Mafia.[53] Die Teilhabe am sozialen Kapital einer Gruppe oder eines Netzwerkes kann zudem an Bedingungen geknüpft sein, die potenziell ausschließend wirken können. Die Akkumulation sozialen Kapitals in Klubs oder Vereinen kommt den Mitgliedern zugute – Nicht-Mitglieder bleiben außen vor. Soziales Kapital ist also alles andere als per se „sozial", sondern muss in einem wertfreien Sinn als „in sozialen Beziehungen liegend" definiert werden.

Hier deutet sich bereits an, dass soziales Kapital offenbar auf zwei getrennten Ebenen diskutiert wird. Während es in einigen Ansätzen ganz unabhängig von gesellschaftlicher Wünschbarkeit als bloße Menge an Ressourcen definiert ist, auf die ein Akteur über seine sozialen Beziehungen zugreifen kann (ob nun emotionaler Rückhalt oder illegale Gefälligkeiten)[54], werden in anderen Fällen mit explizit normativer Konnotation vor allem zwischenmenschliches Vertrauen oder zivilgesellschaftliches Engagement als Sozialkapital definiert und positive Ausstrahlungseffekte für ganze Städte, Regionen oder Staaten vermutet.[55]

---

49   Putnam 1995: 67.
50   Vgl. zum Beispiel Putnam 1993: 115.
51   Vgl. dazu kritisch Helmbrecht 2005; Portes 1998.
52   Vgl. Holzer 2006: 22; weiterführend Höffling 2002.
53   Vgl. Gambetta 1988.
54   Vgl. grundlegend Bourdieu 1992a.
55   Vgl. vor allem Robert Putnam.

Die Diskussionsstränge unterscheiden sich zweitens in der gewählten Aggregationsebene des Konzepts. Ursprünglich wurden unter sozialem Kapital nur jene Vorteile summiert, die sich für *einzelne Akteure* aus ihren sozialen Beziehungen ergeben.[56] Mit deutlich unterschiedlichen Schwerpunkten lassen sich sowohl Pierre Bourdieu, als auch zum Teil James Coleman diesem Ansatz zuordnen. Ähnlich konzipiert die soziale Netzwerkforschung soziales Kapital als individuelle Verfügungsgröße, die von den Eigenschaften des sozialen Netzwerkes einer Person abhängt und in den Beziehungen von Akteuren eingebettet ist.[57] In einigen Fällen werden soziale Beziehungen selber als Sozialkapital gesehen[58], andere Ansätze fokussieren auf die Ressourcen, die über soziale Kontakte mobilisierbar sind.[59] Ob soziales Kapital in jedem Fall das Produkt einer bewussten, instrumentellen Investition in eine soziale Beziehung ist, oder als Nebenprodukt des intrinsischen Bedürfnisses nach sozialen Kontakten entsteht, wird innerhalb des „akteurszentrierten" Sozialkapitalansatzes unterschiedlich beantwortet.[60]

In der anderen Diskussionslinie hingegen wird soziales Kapital als *Kollektivgut* behandelt und nach seinem Beitrag für die politisch-administrative Performanz und die wirtschaftliche Entwicklung von Regionen und Staaten gefragt.[61] Das Konzept wird hier überwiegend auf der makrosoziologischen Ebene verwendet: Je höher der Bestand an sozialem Kapital (d.h. zwischenmenschlichem Vertrauen, verbindlichen Reziprozitätsnormen und sozialem Engagement), desto stabiler sei auch der „Kitt der Gesellschaft".[62] Spätestens wenn es gar als Stär-

---

56   Vgl. Portes 2000: 2.
57   Vgl. Jansen 1999: 22.
58   Vgl. Flap 1995: 1.
59   Vgl. vor allem Bourdieu 1992a und der Ansatz Nan Lins.
60   Vgl. Koob 2007: 28.
61   Vgl. Putnam 1993; Gehmacher et al. 2006.
62   Gehmacher 2006: 7; damit schließt dieses Verständnis von sozialem Kapital an die Überlegungen Tocquevilles zur amerikanischen Demokratie an (vgl. Tocqueville 1976 [1835/1840]). Der Zusammenschluss von Bürgern in Vereinen und ein verstärkter Gemeinsinn bringe „Kooperationsgewinne", die als Kollektivgut einer gesamten Gesellschaft zugute kommen können.

kung von Wirtschaftsstandorten eingesetzt werden soll[63], werden Unterschiede zum Sozialkapitalkonzept der Mikroebene deutlich sichtbar. Mit Alejandro Portes kann also durchaus von den „zwei Bedeutungen sozialen Kapitals"[64] gesprochen werden.

Die definitorische Unklarheit des Begriffs im wissenschaftlichen Diskurs kann nun einerseits im Sinne eines „Versprechens auf fruchtbare Weiterentwicklung"[65] interpretiert werden. Problematisch erscheint jedoch, dass das Konzept nicht in eine formal ausgearbeitete und empirisch überprüfbare Theorie eingebettet ist.[66] Daraus folgend ergibt sich das Problem, das bisher keine einheitliche operationale Definition vorliegt. Eine Reihe von Autoren fürchtet eine begriffliche Verwässerung, wenn soziales Kapital schließlich zu einem allgemeinen Synonym für „alles Positive im sozialen Leben" wird.[67] Wenn sogar „das Wesen und das Funktionieren von Gesellschaft überhaupt"[68] als soziales Kapital gelten und es als „Gemeinschaftsgeist" gegen die „egoistische Ordnungslosigkeit"[69] der Gesellschaft eingesetzt werden soll, sind Gemeinsamkeiten zu den von Bourdieu und Coleman entwickelten Konzepten nur noch schwer auszumachen. Durch den Einschluss immer weiterer sozialer Phänomene (Wahlverhalten, moralische Überzeugungen, Kriminalitätsfurcht, Freiwilligenarbeit etc.[70]) steigt zwar die Zahl der Publikationen, der Begriff verliert aber zunehmend an Trennschärfe. Ob das Konzept in der Lage ist, „die Lücke zwischen Mikro- und Makroebene" zu schließen[71], obgleich es selber auf zwei getrennten Ebenen angesiedelt ist, kann daher in Frage gestellt werden.

Haug schließt aus ihrer Analyse des Standes der Sozialkapitalforschung: „Es lässt sich kein einheitliches Konzept von sozialem Kapital

---

63 Vgl. Meier 1996.
64 So der Titel eines Aufsatzes von Portes; Portes 2000.
65 Matiaske/Grözinger 2008: 8.
66 Diekmann 1993: 23; Haug 1997: 1.
67 vgl. Portes 2000: 3.
68 Gehmacher 2004.
69 Ebd.
70 Für eine Übersicht zentraler Indikatoren sozialen Kapitals in der Putnamschen Tradition vgl. Jungbauer-Gans 2006: 25.
71 Jansen 1999: 22.

herauskristallisieren. Sowohl theoretische als auch empirische Studien verwenden den Begriff soziales Kapital in gänzlich unterschiedlichen Kontexten. (...) Es besteht demnach ein dringender Bedarf an einer (einheitlichen?) theoretischen Konzeptualisierung und an einer empirischen Konstruktvalidierung".[72] Sie schlägt vor, soziales Kapital nur als Mikrovariable zu konzipieren, d.h. „als individuelle Ressource, die als Nebenprodukt aus der ,Beziehungsarbeit' oder als Folge direkter Investition in Beziehungen entsteht".[73] Auch andere Autoren plädieren für eine derartige Definition.[74]

Hier wird ebenfalls dem Vorschlag von Haug gefolgt. Gerade mit Pierre Bourdieu liegt ein vielversprechender Ansatz vor, Sozialkapital vorrangig auf der Mikroebene als individuell über Beziehungen nutzbare Ressource anzusiedeln (siehe Kapitel 2.2). Dadurch geraten grundsätzlich alle sozialen Verflechtungsformen in den Blick – einzelne soziale Beziehungen, Gruppen, Netzwerke, Organisationen und Verwandtschaftssysteme – ohne dass eine Fokussierung auf Vereine bürgerschaftlichen Engagements (wie bei Putnam) sinnvoll oder notwendig wäre. „Soziales" Kapital bedeutet im Anschluss an Bourdieu „aus sozialen Beziehungen mobilisierbar" und nicht zwingend „solidarisch-kooperativ" oder der Gemeinschaft dienend.

Besonders fruchtbar erscheint eine Anknüpfung an Bourdieu zweitens, weil mit seinem Ansatz Fragen nach der Bedeutung sozialen Kapitals für soziale Ungleichheit möglich sind. Kapital in all seinen von Bourdieu differenzierten Formen wird nicht nur von Individuen angeeignet und genutzt. Es ist zudem immer Objekt sozialer Auseinandersetzungen um seine Aneignung und Verfügbarkeit, gerade weil soziale Beziehungen in manchen Fällen die entscheidenden „Kontakte" sind, die Handlungs- und Einflusschancen erhöhen. Erst durch diese Lesart ergeben sich Fragen nach der ungleichen Verteilung „nützlicher" Beziehungen zwischen Akteuren, Gruppen von Akteuren, Netzwerken, Familienstrukturen oder ganzer Klassen. Der Sozialkapitalbegriff Bourdieus entspricht insofern nicht dem „mainstream" der Sozialkapitaldebatte, da er der Aufsummierung sozialen Kapitals auf ganze Regi-

---

72   Haug 1997: 30.
73   Ebd.: 41.
74   Vgl. Lin 2001; Flap 1995; 2001; Burt 2005.

onen und Staaten eine macht- und ungleichheitssensible Folie auflegt, die zeigen kann, an welchen Stellen in der Gesellschaft „Beziehungskapital" akkumuliert wird – und wo Türen geschlossen bleiben, wenn man nicht über das sprichwörtliche „Vitamin B" verfügt.

So wie kulturelles Kapital in der Bourdieuschen Theorie ein ungleich verteiltes und daher umkämpftes Gut ist, ist also auch bei sozialem Kapital die Frage nach seiner Erreichbarkeit und Einsetzbarkeit für verschiedene gesellschaftliche Gruppierungen zu stellen. Genau diese Frage soll in dieser Arbeit in Bezug auf türkische Migranten in Deutschland aufgeworfen werden.

2.2   Soziales Kapital bei Pierre Bourdieu

Die Idee hinter dem Bourdieuschen Konzept des sozialen Kapitals lässt sich bis zu seinen soziologischen und ethnologischen Feldforschungen der 1950er und 1960er Jahre zurückverfolgen.[75] Das erste Mal von ihm erwähnt wird der Begriff im Laufe der 1970er Jahre.[76] Doch ist die rasante Karriere des Konzepts nur zu einem geringen Teil einer fundierten Rezeption der Bourdieuschen Schriften zu verdanken. Vielmehr ist ein verengter Umgang mit seinem Sozialkapitalkonzept festzustellen.[77] So wird Bourdieu zwar in praktisch allen Publikationen genannt, die einen Forschungsüberblick zum Sozialkapital anstreben.[78] Sein Sozialkapitalbegriff gilt zudem als eine der ersten systematischen Ausformulierungen, die den Weg für die zukünftige Diskussion ebneten.[79] Für die Etablierung des Konzeptes werden aber zumeist James Coleman und Robert Putnam verantwortlich gezeichnet, die – nicht unbedingt

---

75   Bourdieu spricht in diesem Zusammenhang noch von einem „Kapital der Ehre" in der kabylischen Gemeinschaft Algeriens, vgl. Bourdieu 1979: 124.

76   Vgl. ebd.: 17.

77   Dies kritisiert Schultheis an der aktuellen Sozialkapitaldebatte, vgl. Schultheis 2008: 22.

78   Zu diesem Schluss kommt Koob 2007: 32.

79   Vgl. Schultheis 2008: 17; Koob 2007: 207; Portes 1998: 3.

im „Sinne des Erfinders"[80] – dem Begriff ganz neue Stoßrichtungen gaben. Doch in welchem Sinne hat Bourdieu seine Begriffsfassung sozialen Kapitals entworfen?

2.2.1 Die Theorie Pierre Bourdieus

„Sozialkapital" ist bei Bourdieu Bestandteil einer Kapitalientheorie, mit der die Verengung der Ökonomik auf bloße Marktbeziehungen kritisiert und korrigiert werden soll.[81] Als Gegenentwurf soll eine „Wissenschaft von der Ökonomie der Praxis"[82] die gesamte Bandbreite der Formen sozialen Austausches in den Blick nehmen und den wirtschaftlichen Warenaustausch und daraus resultierende Vermögensbildung lediglich als speziellen Fall der Kapitalbildung behandeln.

In diesem Sinne ist „Kapital" bei Bourdieu zunächst ganz allgemein als akkumulierte Arbeit zu verstehen.[83] Neben der Arbeit zur Vermögensbildung (ökonomisches Kapital) zählt Bourdieu hierzu auch die Aneignung von Wissen und Fähigkeiten (kulturelles Kapital) sowie „Beziehungsarbeit", mit der Sozialkapital gebildet werden kann. Kapital kann sich nach erfolgreicher Arbeit als Besitz materialisieren oder sich in Akteuren als habituelle Eigenschaften (z.B. Auftreten, Sprechweise) niederschlagen – in jedem Fall wird es zu einer Verfügungsgröße eines einzelnen Akteurs. Diese dreifache Auffächerung des Kapitalbegriffs hat eine wichtige Konsequenz: Nicht mehr nur ökonomisches Kapital ist die entscheidende Variable sozialer Schichtung bzw. Klassenzugehörigkeit, wie dies bei Marx der Fall war. Auch kulturelles und soziales Kapital werden zu sozialstrukturell ausschlaggebenden Größen, indem auch ihr Besitz über soziale Lage, Status, Einflussmöglichkeiten und Lebenspraxis bestimmt.[84] Und nicht nur ökonomisches Kapital ist ge-

---

80   Schultheis 2008: 20.
81   Vgl. Koob 2007: 207.
82   Bourdieu 1992a: 51.
83   Vgl. ebd.: 49.
84   Vgl. Koob 2007: 216.

sellschaftlich ungleich verteilt, sondern auch kulturelles und soziales Kapital. In all seinen Formen konzentriert sich Kapital an bestimmten Orten des sozialen Raumes und wird von einzelnen Akteuren oder Gruppen als „soziale Energie"[85] angeeignet, vermehrt und höchst selektiv übertragen – bei der Vererbung finanziellen Vermögens, der Verleihung eines anerkannten Bildungstitels oder der Vermittlung eines Kontakts zu einem sozialen Netzwerk.

Die daraus resultierende ungleiche Verteilung von Kapitalarten „entspricht der immanenten Struktur der gesellschaftlichen Welt, d.h. der Gesamtheit der ihr innewohnenden Zwänge, durch die das dauerhafte Funktionieren der gesellschaftlichen Wirklichkeit bestimmt und über Erfolgschancen der Praxis entschieden wird".[86] „Zwänge" (aber eben auch „Chancen") ergeben sich dadurch, dass Kapital in all seinen Formen systematisch über Handlungs- und Einflussmöglichkeiten von Akteuren entscheidet – jedoch nicht für alle Akteure gleichermaßen gut erreichbar ist. Kapital „ist eine der Objektivität der Dinge innewohnende Kraft, die dafür sorgt, daß nicht alles gleich möglich oder unmöglich ist"[87] und sich Lebenschancen nicht nach dem Zufallsprinzip entscheiden.

Diese ungleiche Kapitalverteilung in einer Gesellschaft ist für Bourdieu gewissermaßen das Gerüst dessen, was er als „sozialen Raum" bezeichnet. Der soziale Raum ist „die Gesamtheit der Eigenschaften (bzw. Merkmale), die innerhalb eines fraglichen sozialen Universums wirksam sind, das heißt darin ihrem Träger Stärke bzw. Macht verleihen"[88]. Im sozialen Raum nehmen Akteure durch die Menge ihres Kapitals und dessen Zusammensetzung eine je bestimmte sozialstrukturelle Position ein und lassen sich in Klassen gruppieren – je nachdem, wie nahe sie sich im sozialen Raum zueinander befinden.[89] Vor allem in „Die feinen Unterschiede" gelingt es Bourdieu durch diese Vorgehensweise ein detailreiches, mehrdimensionales Bild des sozialen Raums zu zeichnen, in dem bspw. innerhalb der „herrschenden Klasse"

85   Ebd.: 49.
86   Ebd.: 50.
87   Bourdieu 1992a: 50.
88   Bourdieu 1985: 9.
89   Vgl. Bourdieu 1985: 12 f.

noch einmal zwischen den Besitzern anerkannten kulturellen Kapitals (Intellektuelle) und den Inhabern ökonomischen Kapitals (z.b. Industrielle) unterschieden wird.[90]

Wenn nun das Gerüst des sozialen Raumes derart konstruiert ist, stellt sich die Frage, wie Akteure überhaupt an entsprechende Positionen gelangen. Warum führt der Besitz einer bestimmten Form von Kapital zu einer bestimmten Stellung im sozialen Raum? Zur Beantwortung dieser Frage kann auf die Bourdieusche Theorie sozialer „Felder" zurückgegriffen werden.

Für Bourdieu ist die Gesellschaft von einer Pluralität relativ autonomer Felder gekennzeichnet, auf denen jeweils unterschiedliche soziale „Spielregeln" gelten.[91] Es gibt ein Feld der Ökonomie, der Wissenschaft, der Politik, der Kunst, der Religion etc. Während der soziale Raum näherungsweise als die gesamte Sozialstruktur einer Gesellschaft bezeichnet werden kann, stellen soziale Felder „Sinnprovinzen" dar, die jeweils bestimmte „Themen" für sich beanspruchen – und auf denen Akteure ihr Kapital mehr oder weniger gewinnbringend einsetzen können. Besitzer kulturellen Kapitals befinden sich gerade dann an den privilegierten Stellen des sozialen Raums, wenn ihr kulturelles Kapital bspw. auf dem Feld der Kunst oder der Literatur besonders hoch „im Kurs" ist. Besitzer sozialen Kapitals profitieren besonders dann von dieser Kapitalart, wenn ihre Beziehungen (bspw. auf dem Feld der Politik oder der Wirtschaft) den entscheidenden „feinen Unterschied" machen. Kapital muss also in der sozialen Praxis eingesetzt werden und sich in ihr als „Machtmittel"[92] bewähren, um dann im sozialen Raum als sozialstrukturelle Variable durchschlagen zu können. Bourdieu konstruiert so ein Modell des sozialen Raumes, „anhand dessen für jeden Akteur die jeweilige Stellung in den möglichen Spiel-Räumen auszumachen ist."[93] Die Position eines Akteurs oder ganzer Akteursgruppen im sozialen Raum ergibt sich dann aus der Kombination ihrer Positionen auf verschiedenen Feldern.[94]

---

90   Vgl. Bourdieu 1982.
91   Vgl. Bourdieu 1992b: 187.
92   Bourdieu 1985: 10 f.
93   Bourdieu 1985: 11.
94   Vgl. Bourdieu 1985: 10 f.

Bourdieu spricht von Feldern als „Kampffelder[n], auf denen um Wahrung oder Veränderung der Kräfteverhältnisse gerungen wird."[95] Felder sind für ihn nicht statisch, sondern internen Verschiebungen unterworfen, von denen eine Momentaufnahme lediglich das Zwischenergebnis sozialer Kämpfe widerspiegeln kann. Eine zentrale Konfliktlinie meint Bourdieu zwischen den „Herrschenden" und den „Anwärtern auf Herrschaft"[96] in einem Feld auszumachen – in diesem Sinne sind sie stets Kampfschauplätze sozialer Konflikte um Macht und Einfluss, d.h. auch um Kapital. In unterschiedlichen Feldern wird dabei um verschiedene Kapitalarten gerungen. Dem sozialen Kapital kommt gerade im politischen Feld[97], auf dem Feld der sog. Freien Berufe (Ärzte, Anwälte etc.)[98] sowie der „neuen Berufe" (im Bereich Medien, Marktforschung, Werbung)[99] eine zentrale Bedeutung zu, indem dort oft „Beziehungen" über Einfluss- und Durchsetzungschancen entscheiden und in Vermögen bzw. Einkommen (ökonomisches Kapital), Informationen und Expertenwissen (kulturelles Kapital) sowie positive Reputationseffekte umgetauscht werden können (symbolisches Kapital).

2.2.2 Kapitalarten

Bourdieu unterscheidet zwischen ökonomischem, kulturellem, symbolischem und sozialem Kapital.[100] Ökonomisches Kapital umfasst alle Formen materiellen Reichtums bspw. in Form von Geld, sonstigem materiellem Besitz oder Eigentumstiteln. Kulturelles Kapital kann in drei Zuständen akkumuliert werden: Erstens als inkorporiertes Kulturkapital, zweitens als objektiviertes Kulturkapital und drittens als institutionalisiertes Kulturkapital. In *inkorporierten* Zustand ist kulturelles

---

95   Bourdieu 1985: 74.
96   Bourdieu 1993: 107.
97   Vgl. ebd.: 203 f.
98   Vgl. Bourdieu 1982: 448.
99   Vgl. ebd.: 251.
100   Für eine ausführliche Darstellung vgl. Bourdieu 1992a.

Kapital Ergebnis eines schulischen oder familiären Lernprozesses. Kulturelles Kapital in diesem Zustand ist zu einem festen, kurzfristig nicht durch Tausch oder Übertragung veräußerbaren Bestandteil einer Person geworden, d.h. Teil ihres „Habitus" (in etwa: Auftreten, Erscheinungsbild, Haltung). *Objektiviertes* Kulturkapital liegt in Form von kulturellen Gütern wie Kunstwerken, Büchern oder Instrumenten vor und ist dadurch interpersonell übertragbar. Schließlich existiert kulturelles Kapital in *institutionalisiertem* Zustand, d.h. in Form von (Bildungs-)Titeln. Es ist dann geeignet, im jeweiligen Feld (insbesondere im Feld der Kultur oder der Wissenschaft) für soziale Differenzierung zu sorgen.

Das soziale Kapital kann kurzgefasst als die Gesamtheit der Ressourcen bezeichnet werden, auf die ein Akteur über den Besitz eines sozialen Netzes von unterschiedlich stark institutionalisierten Beziehungen zurückgreifen kann.[101] Sein Umfang hängt ab von der Ausdehnung des Netzwerkes von Beziehungen, die jemand konkret mobilisieren kann, sowie von dem Umfang des ökonomischen und kulturellen Kapitals, das diejenigen besitzen, mit denen jemand dauerhaft in Beziehung steht.

Symbolisches Kapital schließlich schöpft sein Potenzial als Einsatzmittel in sozialen Feldern aus seiner gesellschaftlichen Anerkennung, sprich: Legitimität. Bourdieu definiert es „als wahrgenommene und als legitim anerkannte Form der drei vorgenannten Kapitalien (gemeinhin als Prestige, Renommee, usw. bezeichnet)".[102] Symbolisches Kapital entsteht also durch einen Bewertungsakt anderer Akteure, deren Wahrnehmungen und Bewertungen immer durch ihren Standpunkt im sozialen Raum geprägt sind. Als Beispiele können hier der als exklusiv definierte Bildungstitel, der „gute Ruf" einer Familie sowie zur Schau gestellter Reichtum genannt werden.[103] Das soziale Kapital im Allgemeinen ist für Bourdieu immer eine Form symbolischen Kapitals, denn es „bewegt sich (...) so ausschließlich in der Logik des Kennens und Anerkennens, daß es immer als symbolisches Kapital funktioniert".[104]

---

101   Ebd.: 63.
102   Bourdieu 1985: 11.
103   Vgl. Joas/Knöbl 2004: 538.
104   Bourdieu 1992a: 77, Fußnote 20.

Während ökonomisches und kulturelles Kapital zumindest theoretisch unabhängig von der Bewertung anderer gebildet werden können, ist die Bildung sozialen Kapitals nur intersubjektiv möglich – und damit untrennbar mit Formen der sozialen Anerkennung oder auch Diskriminierung verknüpft. Wie diese intersubjektive Bildung sozialen Kapitals geschieht, wird im Folgenden erläutert.

2.2.3 Soziales Kapital

Akteure können aus gleichem ökonomischem und kulturellem Kapital ungleiche Erträge erzielen, wenn sie durch unterschiedlich einflussreiche Personen oder Gruppen unterstützt werden – dies ist der Grundgedanke Bourdieus.[105] Dieses soziale Kapital ist definiert als „die Gesamtheit der aktuellen und potentiellen Ressourcen, die mit dem Besitz eines dauerhaften Netzes von mehr oder weniger institutionalisierten *Beziehungen* gegenseitigen Kennens oder Anerkennens verbunden sind".[106] Es handelt sich hierbei also um eine Ressource, die einem Akteur als soziale Unterstützung durch die Einbettung in ein Beziehungsgeflecht zur Verfügung steht. Bourdieu spricht „vom Umfang des Sozialkapitals, das *der einzelne* besitzt".[107]

In der Bourdieuschen Definition ist also erstens von „Ressourcen" und zweitens von „Beziehungen" die Rede. Unter „Ressourcen" fällt das Kapital derjenigen, mit denen ein Akteur in Beziehung steht. Das ökonomische, kulturelle und symbolische Kapital der Beziehungspartner kann von einem Akteur als soziales Kapital genutzt werden, bspw. in Form finanzieller Unterstützung (ökonomisches Kapital), wichtigen Informationen (kulturelles Kapital) oder der Teilhabe an der Reputation einer anderen Person (symbolisches Kapital). Auch das soziale Kapital anderer Akteure kann als „Kontakte von Kontakten" zum eigenen sozialen Kapital werden. Doch nur durch den zweiten Aspekt des sozi-

---

105   Vgl. ebd.: 76, Fußnote 12.
106   Bourdieu 1992a: 63; Hervorhebung im Original.
107   Bourdieu 1992a: 64; eigene Hervorhebung.

alen Kapitals („Beziehungen") können Akteure überhaupt Zugang zum Kapital anderer erlangen. „Der Umfang des Sozialkapitals", so Bourdieu, „hängt demnach *sowohl* von der Ausdehnung des Netzes von Beziehungen ab (...), *als auch* von dem Umfang des (...) Kapitals, das diejenigen besitzen, mit denen er in Beziehung steht".[108]

Anhand dieser Definition soll im Folgenden zwischen einem Beziehungs- und einem Ressourcenaspekt sozialen Kapitals unterschieden werden (siehe Abbildung 1). Während der Ressourcenaspekt die Höhe bzw. den Umfang des Sozialkapitals einer Person betrifft (*Was* kann über Kontakte mobilisiert werden: finanzielle oder emotionale Unterstützung, Informationen oder weitere Kontakte?), fällt unter den Beziehungsaspekt die Art der sozialen Einbettung eines Akteurs und die dadurch gegebenen Zugangsmöglichkeiten zu den Ressourcen anderer Akteure (*Wie* können die Ressourcen anderer Akteure mobilisiert werden: durch ein ausgedehntes Netzwerk flüchtiger Kontakte oder über wenige, aber dafür verlässliche Beziehungen?).

Soziales Kapital nach Bourdieu	
Beziehungsaspekt → Soziale Einbettung eines Akteurs	Ressourcenaspekt → Kapitalausstattung der Kontaktpersonen

Abbildung 1: Beziehungs- und Ressourcenaspekt sozialen Kapitals

Diese Arbeit beschäftigt sich überwiegend mit dem Beziehungsaspekt sozialen Kapitals – genauer gesagt mit jenen auch von Bourdieu erwähnten sozialen Netzwerken, in denen soziales Kapital entsteht. Dahinter steht folgende Annahme: Analog zur Bourdieuschen Unter-

---

108   Ebd.; eigene Hervorhebung.

scheidung verschiedener Formen kulturellen Kapitals können auch verschiedene Arten sozialen Kapitals ausgemacht werden, die sich bereits aus der Beschaffenheit eines sozialen Netzwerks ableiten lassen. Die strukturellen Eigenschaften des sozialen Beziehungsnetzwerks einer Person wirken sich auf ihr soziales Kapital aus, unabhängig von der Kapitalausstattung der Kontaktpersonen.

Mit dieser hier vertretenen These gerät die qualitative Dimension sozialen Kapitals in den Blick, anstatt sich auf Aussagen über dessen Quantität bzw. Höhe zu beschränken. Analog dazu ist auch bei kulturellem Kapital nicht nur die Menge an Bildung ausschlaggebend, sondern ihre Eigenschaften, die sich aus den sozialen Aneignungsbedingungen ergeben. Ob kulturelles Kapital in der Freizeit eines Autodidakten oder an einer Elite-Universität erworben wird: Der Ort der Aneignung ist entscheidend und nicht nur die Menge an Fachwissen. Ähnlich ließe sich für soziales Kapital formulieren: Es wird nicht nur durch Art und Menge der Ressourcen von Unterstützungspersonen, sondern bereits durch *Eigenschaften des Beziehungsnetzes* sich unterstützender Personen bestimmt.

In Konsequenz dieser Vorgehensweise sollen in der vorliegenden Arbeit vor allem Aussagen über Eigenschaften sozialen Kapitals von türkischen Migranten getroffen werden, die sich aus dem Ort seiner Genese, d.h. aus ihren sozialen Netzwerken ergeben. Wie wird nach Bourdieu soziales Kapital gebildet?

2.2.3.1 Entstehung

Um soziale Netzwerke zu bilden und aufrechtzuerhalten, ist eine „fortlaufende Institutionalisierungsarbeit"[109] nötig. „Diese Institutionalisierungsarbeit ist notwendig für die Produktion und Reproduktion der dauerhaften und nützlichen Verbindungen, die Zugang zu materiellen oder symbolischen Profiten verschaffen".[110] Soziale Beziehungen wer-

---

109 Bourdieu 1992a: 65.
110 Ebd.

den dann zu „nützlichen Verbindungen", wenn sie in der Praxis permanent erneuert oder umgangssprachlich formuliert: „gepflegt" werden. Wie oben beschrieben, ist auch soziales Kapital dementsprechend das Produkt einer Arbeit, nämlich einer „Beziehungsarbeit".

Die Arbeit, die in Beziehungen investiert wird, besteht für Bourdieu in permanenten Tauschakten, die sowohl materieller als auch symbolischer Natur sind. Materielle Tauschobjekte sind bspw. Gegenstände in Form von Geschenken, Geldsummen oder Hilfeleistungen. Auf der mindestens ebenso wichtigen symbolischen Ebene liegt der Austausch von Gefälligkeiten, gegenseitigen Besuchen und Kommunikation (zwecks Vertrauensbildung, Informationsaustausch etc.). Zufallsbeziehungen, z.B. am Arbeitsplatz oder in der Nachbarschaft, werden in „Sozialkapitalbeziehungen" umgewandelt, indem ihnen durch Tauschakte ein Aspekt der Verpflichtung hinzugefügt wird.[111] Eine Gabe zieht dann die Erwartung einer Gegengabe nach sich, die entweder aus einem subjektiven Gefühl der Verpflichtung erfolgt (aufgrund von Anerkennung, Respekt oder Freundschaft) oder auf institutionellen Garantien (z.B. Rechtsansprüchen) beruht.[112] Von dieser soziologischen Mikroebene, d.h. von der Ebene der Tauschakte aus betrachtet, ist ein Beziehungsnetz das Produkt eines Zeit- und Arbeitsaufwandes einzelner Individuen, der sich bewusst oder unbewusst auf die Schaffung und Erhaltung von sozialen Beziehungen richtet, die sich später vorteilhaft auswirken können.[113] „Beziehungsarbeit" führt zu einer Institutionalisierung sozialer Kontakte, deren Vorteile sich als soziales Kapital über kurze „face-to-face"-Begegnungen hinaus aufheben lassen.

Der Einsatz ökonomischen, kulturellen und symbolischen Kapitals begünstigt oder beschleunigt diesen Prozess. Im Folgenden soll gezeigt werden, wie die anderen drei Kapitalarten in soziales Kapital umgewandelt werden können.

Zunächst erfordert Beziehungsarbeit immer einen Zeitaufwand und verbraucht dadurch direkt oder indirekt ökonomisches Kapital. Allgemein geht Bourdieu davon aus, „daß das ökonomische Kapital (.) allen

---

111   Ebd.
112   Ebd.
113   Ebd.

anderen Kapitalarten zugrunde liegt."[114] Durch „Transformationsarbeit" kann ein Akteur sein Vermögen in soziales Kapital umwandeln, indem durch finanzielle Gefälligkeiten Verpflichtungen und Anerkennungsverhältnisse geschaffen werden. Damit sind Akteure bei der Beziehungsarbeit im Vorteil, die bereits über entsprechend transformierbares ökonomisches Kapital verfügen.

Auch das kulturelle Kapital einer Person begünstigt die Entstehung seines sozialen Kapitals, indem es Wissen um soziale Zusammenhänge bereitstellt und sie befähigt, diese entsprechend zu nutzen. Für das als jeweils angemessen definierte Verhalten in sozialen Situationen ist „Bildung" im umfassenden Wortsinn nötig. Auch das verinnerlichte Kulturkapital in Form des Habitus dürfte Beziehungsarbeit erschweren oder erleichtern. Bourdieu spricht hier von „den für die Pflege dieses Kapitals unentbehrlichen Techniken gesellschaftlich-geselligen Umgangs."[115]

Auch das bereits vorhandene soziale Kapital eines Akteurs kann dessen weitere Entstehung erleichtern. Neben den Gründen, die sich aus der Vergrößerung eines sozialen Netzwerks ergeben (Bekannte von Bekannten werden zu eigenen sozialen Kontakten) ist hierfür auch die Möglichkeit ausschlaggebend, das eigene soziale Kapital in symbolisches Kapital umzuwandeln. Ähnlich wie ein anerkannter Bildungstitel kann auch ein berühmter Familienname auf ein ererbtes Sozialkapital hindeuten, welches sich gerade durch seine „Ancienniät" (d.h. die Dauer der Zugehörigkeit zu einer sozialen Klasse[116]) auszeichnet. Symbolisches Kapital in Form von Renommee und Ansehen funktioniert dann als „Kreditwürdigkeit"[117] und akkumuliert soziales Kapital dort, wo es bereits vorhanden ist – der Ruf eines Akteurs „eilt ihm voraus". Auch unabhängig von ererbtem Sozialkapital können Beziehungen zu Drittpersonen positive Reputationseffekte haben und die Bildung weiteren sozialen Kapitals erleichtern. Da nicht nur gegenseitiges Kennen, sondern auch „Anerkennen" Bestandteil einer Sozialkapitalbeziehung ist, begünstigt schließlich ein Minimum „'objektiver' Homogenität

---

114   Ebd.: 70 f.
115   Vgl. Bourdieu 1982: 253.
116   Vgl. ebd.: 209.
117   Bourdieu 1992a: 63.

unter den Beteiligten"[118] die Institutionalisierung einer Tauschbeziehung. Ähnlichkeiten in der Kapitalausstattung, des Habitus und der sozialen Herkunft (d.h. der Position im sozialen Raum) machen dauerhafte und verbindliche soziale Beziehungen wahrscheinlicher, über die soziales Kapital mobilisiert werden kann.

Ökonomisches, kulturelles und symbolisches Kapital können also von einer Person in soziales Kapital transformiert werden, indem sie sie als „Spiel-Einsatz" in Beziehungsarbeit einbringt. Allerdings treten die Teilnehmer mit ungleichen Startbedingungen in dieses Spiel ein und können ihre Einsätze unterschiedlich gut treffen. Akteure mit guter Kapitalausstattung (Vermögen, Bildung, Reputation) sind im Vorteil, wenn es darum geht, Sozialkapitalbeziehungen zu etablieren. Die „mehr oder weniger institutionalisierten Beziehungen gegenseitigen Kennens oder Anerkennens"[119] können nicht zwischen allen Akteuren mit gleicher Wahrscheinlichkeit entstehen und sind nicht nur vom persönlichen „networking"-Einsatz abhängig sondern ebenso von sozialen Rahmenbedingungen. Selbst bei gleicher Investition in Beziehungsarbeit, so betont Bourdieu, sei der Ertrag ungleich: „Man kann wohl annehmen, daß das Talent zum „Mondänen" (oder, allgemeiner, das „Beziehungstalent") zwischen den sozialen Klassen – und, bei identischer Klassenzugehörigkeit, auch zwischen Individuen unterschiedlicher sozialer Herkunft – sehr ungleich verteilt ist".[120]

Soziale Netzwerke, so kann festgehalten werden, erfordern einen Aufwand an „Beziehungsarbeit", der je nach Position eines Akteurs im sozialen Raum und seiner damit verbundenen Kapitalausstattung unterschiedlich gut gelingt. Personen mit geringem Kapital sind dementsprechend benachteiligt. Ähnlichkeiten des Habitus und der sozialen Herkunft begünstigen soziale Vernetzung und damit die Entstehung sozialen Kapitals. Daraus kann geschlussfolgert werden, dass die Bildung sozialen Kapitals innerhalb eines sozialen Milieus bzw. einer sozialen Schicht einfacher gelingt als milieu- und schichtübergreifend.

---

118   Ebd.: 64.
119   Ebd.: 63.
120   Ebd.: 77; Fußnote 17.

2.2.3.2 Akkumulation

Soziales Kapital kann nicht nur in Zweierbeziehungen durch Verpflichtung und Anerkennung institutionalisiert werden. Bourdieus Ansatz unterstreicht die Vorteile, die sich für einen Akteur aus seiner Mitgliedschaft in größeren Gruppen oder Netzwerken ergeben.[121] Tauschbeziehungen können durch einen gemeinsamen Namen (einer Familie, einer Partei oder einer ethnischen Gemeinschaft) auf einer höher aggregierten „Meso-Ebene" verfestigt werden. Die Mitgliedschaft eines Akteurs in einer Gruppe oder einem Netzwerk verleiht ihm anderen Mitgliedern gegenüber „Kreditwürdigkeit".[122] Anerkennung und Verpflichtung müssen nicht erst in alltäglichen Zufallsbekanntschaften langsam erarbeitet werden, sondern sind als Vorschuss bereits Teil der Mitgliedschaft. Indem Tauschakte, z.B. in Form gegenseitiger Gefälligkeiten hauptsächlich innerhalb der Gruppe oder des Netzwerks stattfinden, werden zugleich die Grenzen des Kollektivs gezogen und reproduziert.[123] Dadurch kann es Netzwerken oder exklusiven Gruppen (der Golfklub ist bei Bourdieu ein beliebtes Beispiel) gelingen, soziales Kapital zu konzentrieren und durch die Beschaffenheit ihres Tauschnetzwerks schnell soziales Kapital verfügbar zu machen. Der Zugang zu dieser Art von Beziehungsnetzwerken wird häufig kontrolliert und ist von sozialen Merkmalen wie bspw. der Familienzugehörigkeit, einem Adels- oder Amtstitel, dem „richtigen" Parteibuch oder der Zugehörigkeit zu einer ethnischen Gemeinschaft abhängig. Diese akkumulierte und in Extremfällen monopolisierte Form sozialen Kapitals muss nicht zwingend positive externe Effekte für die übrige Gesellschaft haben.[124] Soziales Kapital wird verknappt und seine Vorteile kommen als „interne Effekte" nur bestimmten Akteuren zugute.

Damit lenkt Bourdieu den Blick auf eine höher aggregierte Ebene sozialen Kapitals und zugleich auf seine ungleiche gesellschaftliche Verteilung. Die Mitgliedschaft bspw. in einer ethnischen Gemeinschaft erleichtert das Knüpfen von Kontakten zu Angehörigen derselben Ge-

---

121 Vgl. ebd.: 63.
122 Ebd.
123 Vgl. Ebd.: 66.
124 Anders als dies bei Robert Putnam der Fall ist, siehe Kapitel 2.3.

meinschaft, da über die Zugehörigkeit zur gleichen Gruppierung Vertrauensvorschüsse in Form symbolischen Kapitals (Anerkennung, Reputation) vorhanden sein können, die in der Beziehungsarbeit in soziales Kapital umgewandelt werden. Neben den Ähnlichkeiten der sozialen Lage oder des Habitus kann also auch eine gemeinsame Gruppenzugehörigkeit mit Grenzziehung nach außen Beziehungsarbeit begünstigen.

2.2.3.3   Die Rolle der Familie

Neben den genannten Formen sozialer Assoziation wie z.B. Klubs oder Netzwerken ist für Bourdieu die Familie eine zentrale Stätte der Konzentration und Weitergabe sozialen Kapitals.[125] In einem dieser Kapitalart gewidmeten Themenheft der Zeitschrift „Actes de la Recherche en Sciences Sociales"[126], beschäftigen sich die Autoren u.a. mit dem französischen Adel als Beispiel einer geradezu idealtypischen Manifestation sozialen Kapitals in Form einer „geschlossenen Gesellschaft", in der die Pflege von Beziehungen sowie die Vererbung von Name und Titel zentrale Strategien der Akkumulation und intergenerationellen Übertragung dieser Kapitalart darstellen.[127] Doch auch ganz unabhängig von der Schichtzugehörigkeit stellen die familiären Verhältnisse, in die ein Akteur hineingeboren wird, seine Grundausstattung an sozialem Kapital dar.[128] Es kann vererbt werden, indem die Familienzugehörigkeit symbolisch (durch den Akt der Benennung eines Kindes) und institutionell (durch Staat bzw. Kirche) bestätigt wird. Auch der Vorgang der Kooptation[129] kann eine Form der familiären Übertragung sozialen Kapitals sein. Die Familienzugehörigkeit legt ohne jegliches

---

125   Vgl. Bourdieu 1993: 55; Bourdieu 2004.

126   Vgl. Actes de la Recherche en Sciences Sociales, No 31, 1980.

127   Vgl. de Saint-Martin 1980.

128   Vgl. Schultheis 2008: 35.

129   Kooptation ist der Zugang einer Person zu einer Gruppe über die Vermittlung einer anderen Person, die bereits Mitglied ist; vgl. Hillmann 1994: 448.

„networking" soziale Kontakte in die Wiege – in manchen Fällen inklusive eines guten oder schlechten Rufs, d.h. soziales Kapital in der Form symbolischen Kapitals. Diese Form sozialen Kapitals ist kein Ergebnis von Wahlhandlungen eines Akteurs. Dies trifft auch auf die bereits vorhandenen Kontakte der Familie zu: Freunde, Nachbarschaften, Mitgliedschaften in Vereinen oder Klubs. Bourdieu hat daher auch den Strategien der Besitzstandswahrung familiären sozialen Kapitals besondere Aufmerksamkeit gewidmet.[130]

Wie alle anderen Kapitalarten, wird soziales Kapital auch außerhalb der Familie gebildet. Soziale Kontakte in der Schule, in der Wohngegend und im beruflichen Umfeld treten hinzu. Folgt man der Annahme des habituell geprägten Akteurs, dürfte der spätere Aufbau und die Ausgestaltung sozialer Beziehungen außerhalb der Familie nicht immer ein Ergebnis bewusster Wahlhandlungen, sondern vielmehr häufig auf der Grundlage des Habitus erfolgen. Frühe Erfahrungen in der Familie sind geeignet, „zugleich die Neigung wie die Fähigkeit zur Pflege von Beziehungen und auch das Gespür für passende Beziehungen einzuprägen".[131]

Die Möglichkeiten, mit anderen Akteuren überhaupt in Kontakt zu kommen und soziales Kapital zu bilden, sind also neben sozialen Ähnlichkeiten und gemeinsamer Gruppenzugehörigkeit auch von der sozialen Einbettung der Familie abhängig. Ist diese bereits gut vernetzt, erleichtert dies die Bildung weiterer sozialen Kapitals. Ist sie hingegen schlecht vernetzt, z.B. aufgrund eines Ortwechsels nach einer Migration, kann soziales Kapital weniger gut gebildet werden – oder muss vorwiegend innerhalb der eigenen Familie erfolgen.

2.2.4 Fazit und kritische Bezugnahme

Die Darstellung der Grundzüge der Theorie Bourdieus bildete den Rahmen für die Herausarbeitung seines Sozialkapitalkonzepts. Es

---

130 Vgl. z.B. Bourdieu 1993: 55 f.
131 Bourdieu 2004: 402.

wurde zwischen einem Beziehungsaspekt und einem Ressourcenaspekt sozialen Kapitals unterschieden. Der Beziehungsaspekt betrifft die Art und Ausdehnung des sozialen Netzwerks „gegenseitigen Kennens oder Anerkennens"[132], der Ressourcenaspekt betrifft den Kapitalbesitz der Mitglieder dieses Netzwerks. Durch „Beziehungsarbeit" können Akteure Einfluss auf ihr soziales Netzwerk, d.h. den *Beziehungsaspekt* nehmen, während die Ressourcenausstattung ihrer Beziehungspartner nur bedingt beeinflussbar ist. Die umgangssprachliche Formulierung, Beziehungen zu „pflegen", kann im Anschluss an Bourdieu als ein Vorgang der Transformation von Kapitalarten ineinander bezeichnet werden: Soziales Kapital entsteht in Netzwerken, indem Akteure ihr ökonomisches, kulturelles und symbolisches Kapital in „Beziehungsarbeit" einsetzen und es dadurch in Sozialkapital transformieren. Auf den Netzwerkbegriff geht Bourdieu jedoch nicht weiter ein, sondern berücksichtigt nur fest umrissene Gruppen bzw. Organisationen als Entstehungsorte sozialen Kapitals.

Vor allem im Vergleich zum kulturellen Kapital bleibt der Sozialkapitalbegriff bei Bourdieu skizzenhaft. So konstruiert er in „Die feinen Unterschiede" den sozialen Raum über Umfang, Zusammensetzung und Dauer des Besitzes von ökonomischem oder kulturellem Kapital.[133] Das soziale Kapital wird hier (und in anderen Veröffentlichungen) kaum berücksichtigt, oder im Rahmen seiner empirischen Untersuchungen konstant gehalten.[134] Das Konzept bleibt bei Bourdieu letztlich unterentwickelt und oft in einem metaphorischen Gebrauch verhaftet.[135] Welche Rolle es genau für die Positionierung von Akteuren im sozialen Raum der Klassen übernimmt, ist von ihm selber kaum thematisiert worden.

Eine ebenfalls offene Frage ist, auf welchen Feldern soziales Kapital besonders zentral ist (und warum) und wie gut es sich dort jeweils in andere Kapitalarten umwandeln lässt. Eine systematische Darstellung der Bedeutung dieser Kapitalart als Einsatzmittel auf sozialen Feldern fehlt in seiner Theorie.

---

132   Bourdieu 1992a: 63.
133   Vgl. Bourdieu 1982.
134   Vgl. Bourdieu 2004: 197.
135   Schuller et al. 2000: 5.

Bourdieu unterschied zwischen inkorporiertem, objektiviertem und institutionalisiertem kulturellen Kapital. Diese Spielarten des Kulturkapitals sind bei ihm zum Teil weiter ausdifferenziert worden. So beschäftigte er sich nicht nur mit dem schulischen Anlernen von Wissen, sondern hob auch jene Formen der familiären Vermittlung intellektueller Techniken hervor, die weitgehend unsichtbar und daher umso machtvoller funktionieren.[136] Eine dem kulturellen Kapital entsprechende komplexe Ausdifferenzierung der unterschiedlichen Formen sozialen Kapitals findet sich in seinem Werk jedoch ebenfalls nicht.

Ein Anstoß in die letztgenannte Richtung erscheint durch den Rekurs auf zwei andere Autoren möglich, die sich mit dem Thema Sozialkapital beschäftigt haben: Robert Putnam und James Coleman. Ihre Ansätze werden im Folgenden kurz vorgestellt, da ausgewählte Aspekte für die spätere Argumentation von Bedeutung sein werden.

2.3 Der Ansatz Robert Putnams

Soziales Kapital ist bei Putnam wie folgt konzipiert: „Social capital refers to the connections among individuals – social networks and the norm of reciprocity and trustworthiness that arise from them".[137] Soziale Netzwerke interessieren Putnam dabei vor allem als Netzwerke bürgerschaftlichen Engagements („civic engagement"[138]). Gerade in diesen Netzwerken (z.B. in Vereinen) entstünden Reziprozitätsnormen, Vertrauen und solidarisches Handeln. "[S]ocial capital refers to features of social organization such as networks, norms, and social trust that facilitate coordination and cooperation for mutual benefit".[139] Diese von Vereinen, Organisationen und sozialen Aktivitäten hervorgebrachten kooperationsfördernden Aspekte speisen das Reservoir sozialen Kapitals, über das eine Gesellschaft verfügt. Je zahlreicher die Bürger eines

---

136   Vgl. Bourdieu/Passeron 1971; Bourdieu 1982.
137   Putnam 2000: 19.
138   Putnam 1995: 65.
139   Ebd.: 67.

Landes oder einer Region in Vereinen engagiert sind, je stärker zwischenmenschliches und Institutionenvertrauen ausgeprägt sind und je mehr Normen vorhanden sind, die kooperatives Handeln fördern, desto mehr soziales Kapital besitzt eine Region oder ein Staat. Soziales Kapital ist bei Putnam also anders als bei Bourdieu als Makrovariable konzipiert, der eine gesellschaftliche Wünschbarkeit unterstellt wird. Soziales Kapital in dieser Form soll „soziales Vertrauen" fördern, Anreize zu gemeinschaftsbezogenem Handeln geben und opportunistisches Verhalten in Politik und Wirtschaft reduzieren.[140] Diese Effekte würden sich wiederum positiv auf Bildungsniveau, Wirtschaftswachstum, Effizienz politischer Maßnahmen und öffentliche Sicherheit auswirken.

Besonders aus dem Blickwinkel des Bourdieuschen Ansatzes ergibt sich ein zentraler Kritikpunkt. Während Putnam mit seiner Vorstellung von Sozialkapital zwischenmenschliche Kooperation und gesellschaftliche Integration im Auge hat, legt die Theorie Pierre Bourdieus den Fokus auf Herrschaftsstrukturen und soziale Konflikte. Statt soziales Kapital als produktive und grundsätzlich vorteilhafte Ressource einer ganzen Gesellschaft zu bezeichnen, lässt sich mit dem Bourdieuschen Ansatz und in Abgrenzung zu Putnam ein detaillierteres Bild zeichnen. Erstens lässt sich mit seinem Konzept, wie bereits gezeigt, besser erfassen, inwieweit Zugangs- und Förderungsmöglichkeiten des „Rohstoffs soziales Kapital"[141] gesellschaftlich ungleich verteilt sind (vgl. Kapitel 2.2.2). Zweitens ist davon auszugehen, dass seine Nützlichkeit nicht allen gleichermaßen zugute kommt, denn soziales Kapital kann unterschiedlich gut „weiterverarbeitet" werden. Nicht jeder hat Kontakte, die er „spielen lassen" kann. Drittens kann soziales Kapital über eine Vielzahl sozialer Vergemeinschaftsformen mobilisiert werden: von solidarischen Nachbarschaftsnetzwerken bis zu kriminellen Organisationen, von „social-networking"-Plattformen im Internet bis hin zu den ausgedehnten Verwandtschaftsnetzwerken des Adels. Viertens ist soziales Kapital, wie alle Kapitalarten, ein auf Feldern umkämpftes Gut. Sowohl Menge und Eigenschaften, als auch seine Transformierbarkeit in andere Kapitalarten sind Gegenstände sozialer

---

140   Vgl. ebd.
141   Vgl. ebd.

Auseinandersetzungen um „Legitimität". Akteure und gesellschaftliche Gruppen verfolgen Strategien zur Mehrung und Aufwertung der aus ihrer Sicht entscheidenden Kapitalarten.

Der „Kitt der Gesellschaft", als der das soziale Kapital in der Putnamschen Tradition erscheint, erweist sich aus der Bourdieuschen Perspektive als eine flexible Masse, deren Formgebung und Aneignung Konfliktpotenzial birgt. Es kann sich – wie andere Kapitalarten auch – an bestimmten Orten des sozialen Raumes konzentrieren und kann als Mittel der Distinktion und sozialen Schließung dienen.

Von Putnam stammt jedoch eine für die vorliegende Arbeit nutzbare Begriffsunterscheidung, an die auch unabhängig von seiner Lesart angeschlossen werden kann. In späteren Publikationen widmete sich Putnam verstärkt der Thematik sozialer Netzwerke als Ort der Genese sozialen Kapitals. Er differenziert dabei zwischen verschiedenen Formen sozialen Kapitals, die in unterschiedlichen Gruppen und Netzwerken entstehen: formelles und informelles, Sozialkapital mit geringer und mit hoher Dichte, innenorientiertes und außenorientiertes und schließlich „bridging" (Brücken bildendes) und „bonding" (bindendes) soziales Kapital.[142]

Besonders die letzte Unterscheidung ist für die Thematik dieser Arbeit relevant, da sie die Rede vom „Beziehungsaspekt sozialen Kapitals" präzisieren kann: „Bonding social capital" entsteht in sozial homogenen Netzwerken, deren Mitglieder bezüglich einiger oder aller ihrer Merkmale (sozialer Status, Ethnizität, Geschlecht, etc.) gleich sind. Diese Form sozialen Kapitals ist – freiwillig oder unfreiwillig – „inward looking", da sie hauptsächlich innerhalb einer Gemeinschaft gebildet und dort wieder eingesetzt wird. Als Beispiel nennt Putnam explizit ethnische Gemeinschaften.[143] Deren zumeist dichte Netzwerke böten ihren Mitgliedern sozialen und emotionalen Beistand, finanzielle Unterstützung bei der Gründung kleiner Unternehmen und sind das Reservoir für Arbeitskräfte in „ethnischen Ökonomien".[144] „Bonding

---

142   Vgl. Putnam/Goss 2001: 25 f.

143   Vgl. Putnam 2000.

144   Vgl. ebd.: 22; der Begriff „ethnische Ökonomie" bezieht sich auf Unternehmensgründungen von Migranten mit eigenethnischem Kundensegment und Mitarbeitern.

social capital" kann in ungünstigen Fällen zu Tendenzen der Isolierung einer Gruppe führen. Es werden dann nur noch soziale Beziehungen zu Mitgliedern der Eigengruppe geknüpft, in denen Ressourcen getauscht werden. Diskriminierungen und Abwertung von außen können Isolierungstendenzen befördern.

„Bridging social capital" hingegen entsteht in sozialen Beziehungen, die sozial heterogene Akteure verbinden und ist damit „outward looking". Diese Form des Kapitals kann besser zur Gewinnung von neuen Informationen eingesetzt werden, bspw. über Arbeitsmöglichkeiten außerhalb des eigenen Milieus. „Bridging social capital" entsteht häufig in „schwachen" sozialen Bindungen, wie im Bekanntenkreis oder unter Arbeitskollegen.

Soziales Kapital		
Beziehungsaspekt		Ressourcenaspekt
Soziale Einbettung eines Akteurs		Kapitalausstattung der Kontaktpersonen
„bonding social capital"	„bridging social capital"	

Abbildung 2: „bonding" und „bridging social capital"

„Bonding" und „bridging" sind für Putnam keine sich gegenseitig ausschließenden Kategorien. Man müsse in den meisten Fällen von einem „mehr oder weniger" der einen oder der anderen Kapitalart sprechen.[145] Mit der Unterscheidung in zwei Arten sozialen Kapitals möchte Putnam Sozialkapital qualitativ beschreiben und damit die Feststellung der bloßen Menge an sozialem Kapital durch Aussagen über seine variierenden Eigenschaften ergänzen. Diese Eigenschaften

---

145   Vgl. ebd.: 23.

ergeben sich auch unabhängig von der Ressourcenausstattung der vernetzen Akteure aus dem Beziehungsaspekt, d.h. dem „Muster" sozialer Einbettung eines Akteurs. Der bei Bourdieu ausgemachte Beziehungsaspekt soll daher nun in Anschluss an Putnam unterschieden werden in „bonding social capital" und „bridging social capital" (vgl. Abbildung 2).

An diese Begriffsunterscheidung schließen sich nun die zwei zentralen Fragen der folgenden beiden Kapitel an: Welche Ausprägungen muss der Beziehungsapekt sozialen Kapitals haben, damit jeweils „bonding social capital" oder „bridging social capital" gebildet wird? (s. Kapitel 3) Verfügen türkische Migranten eher über die eine oder die andere Kapitalart und welche Konsequenzen könnte dies auf der Ebene ihrer Sozialintegration haben? (s. Kapitel 4).

Zur Beantwortung der ersten Frage bietet sich ein Rekurs auf den Ansatz James Colemans an. Das Konzept des „bonding social capital" geht auf Colemans These zurück, dass soziales Kapital besonders gut in dichten und geschlossenen Netzwerken entstehen könne. „Bridging social capital" ist eher an das Sozialkapitalkonzept von Netzwerktheoretikern wie Granovetter[146] oder Burt[147] angelehnt, die in Kapitel 3 vorgestellt werden.

2.4 Der Ansatz James Colemans

Der Sozialkapitalbegriff Bourdieus wird von Coleman nicht systematisch aufgegriffen, sondern findet in seinem Ansatz nur eine kurze Erwähnung. Coleman entwickelt sein Konzept von sozialem Kapital vor dem Hintergrund seines Rational-Choice-Ansatzes: „Akteure kontrollieren die Aktivitäten, die ihre Interessen befriedigen könnten, nicht völlig, sondern müssen erleben, daß einige dieser Aktivitäten teilweise oder vollständig von anderen Akteuren kontrolliert werden."[148] Soziale

---

146   Vgl. Granovetter 1976.
147   Vgl. Burt 1992.
148   Coleman 1995: 35.

Interdependenzen würden sich daraus ergeben, dass Akteure zur Realisierung ihrer Interessen Tauschhandlungen mit anderen Akteuren eingehen. Aus diesen Tauschakten können sich soziale Beziehungen verfestigen, wie zum Beispiel Herrschafts- oder Vertrauensbeziehungen.[149] Diese Beziehungen, sowie die darin enthaltenen Normen können für Coleman von Individuen als Ressourcen genutzt werden. Er bezeichnet dies als „soziales Kapital". Soziales Kapital entstehe „wenn sich die Beziehungen zwischen Personen so verändern, daß bestimmte Handlungen erleichtert werden".[150] Allgemein formuliert versucht Coleman über den Begriff des sozialen Kapitals soziale Strukturen in seinen Rational-Choice-Ansatz einzuführen.[151] Damit soll der Handlungskontext nutzenmaximierender Entscheidungen (eben soziale Beziehungsmuster) stärker berücksichtigt werden, ohne Grundannahmen des methodologischen Individualismus zu verlassen. Colemans Überlegungen haben die anglo-amerikanische Debatte um soziales Kapital stark beeinflusst, insbesondere die Thesen Robert Putnams.

Sowohl Coleman als auch Bourdieu sehen in sozialem Kapital eine zentrale Machtressource von Gruppen und sprechen der Familie bei der Bildung und Reproduktion sozialen Kapitals eine Schlüsselrolle zu.[152] Außerdem gehen beide Autoren von einer positiven Wirkung sozialen Kapitals auf kulturelles bzw. „Humankapital" aus. Beide konzipieren soziales Kapital (im Gegensatz zu Putnam) eher auf der Mikroebene, obgleich es für Coleman auch eine Eigenschaft von Kollektiven ist. Es gibt jedoch auch zentrale Unterschiede.[153]

Die Verfügung über Kapital in allen Formen ist bei Bourdieu immer in soziale Verhältnisse eingebettet, und das bedeutet bei ihm: in soziale Ungleichheiten, Machtverhältnisse und kulturelle Tradierungen einer Gesellschaft. Gemäß dem Rational-Choice-Ansatz unterstellt Coleman aber in seinem Modell, dass jeder Akteur gemäß seiner Interessen und

---

149 Vgl. ebd.: 389.
150 Coleman 1995: 394.
151 Vgl. Haug 1997: 1.
152 Vgl. Schultheis 2008: 21; Fußnote 5.
153 An dieser Stelle werden vor allem die Unterschiede zwischen den Sozialkapitalbegriffen Colemans und Bourdieus hervorgehoben. Für eine weitergefasste Kritik am Colemanschen Sozialkapital vgl. Koob 2007: 227 f.; Portes 1998.

den vorliegenden situationellen „constraints" mit jedem anderen Akteur eine Tauschbeziehung eingehen kann. Tauschbarrieren, die aufgrund sozialstruktureller Faktoren vorhanden sind, werden nicht berücksichtigt.[154] Diese wären bspw. geographische und sozialräumliche Nähe, Einstellungen anderer Akteuren oder Gruppen gegenüber, Entstehung von Vertrauen aufgrund habitueller Ähnlichkeiten sowie der Besitz symbolischen Kapitals, der Vertrauensvorschüsse erleichtert. Die Vorstellung, dass Akteure universell an Tauschprozessen teilhaben können, bzw. Tauschsituationen unabhängig von der sozialen Verortung der Akteure der gleichen Logik folgen, muss aus der Perspektive Bourdieus als „Euphemisierung gesellschaftlicher Herrschaftsbeziehungen"[155] erscheinen. Schließlich erscheint auch der Akteur bei Coleman gemäß der Rational-Choice-Tradition mit einem universellen nutzenmaximierenden Interesse ausgestattet. In Abgrenzung dazu betont Bourdieu: „Einer sich mit den Interessen des Handelnden deckenden Handlung liegt nicht zwangsläufig das bewußte und berechnete Streben nach Befriedigung des als Zweck gesetzten Interesses zugrunde."[156] Vielmehr sorge der Habitus für „strategische" Handlungen, „die sich objektiv auf Ziele richten, die nicht unbedingt auch subjektiv angestrebte Ziele sein müssen."[157] Der soziale Sinn des Habitus sorge für die „richtigen" Entscheidungen, die dann ex post im ökonomischen Verhaltensmodell als nutzenmaximierend rationalisiert werden.

Für die vorliegende Arbeit erscheint ganz unabhängig vom unterstellten Akteursmodell eine Anknüpfung an Coleman möglich. Entscheidend ist, dass Coleman die Bedeutung starker Familien- und Nachbarschaftsbeziehungen für die Bildung sozialen Kapitals hervorhob. Soziales Kapital, so Coleman, könne besonders gut in dichten und nach außen geschlossenen Netzwerken mobilisiert werden und wirke sich z.B. förderlich auf den Schulerfolg („Humankapital") von Kindern aus.[158] Dieses „Coleman-Kapital" speist sich aus starken Bindungen, die oft von Solidaritätsgefühlen und der Bereitschaft zu gegenseitiger Hilfe

---

154   Vgl. Jansen 1999: 160.
155   Schultheis 2008: 21; Fußnote 5.
156   Bourdieu 1989: 397.
157   Bourdieu 1993: 113.
158   Vgl. Coleman 1988; Koob 2007: 227 f.

geprägt sind. Seine Kehrseite besteht in einer relativ starken sozialen Kontrolle und einer oft strikteren Sanktionierung abweichenden Verhaltens.[159] Gerade diese „kollektivistischen" Eigenschaften machen jedoch nach Meinung Colemans die Stärke dichter Netzwerke aus. Er spricht in diesem Zusammenhang von „closure", d.h. der Fähigkeit eines Netzwerkes Informationen über abweichendes Verhalten zu diffundieren (z.b. zwischen Eltern befreundeter Kinder), als einen zentralen Faktor für die Bildung sozialen Kapitals.[160] Die Sanktionierung abweichenden Verhaltens könne in dichten Netzwerken besser organisiert werden und erfolge bspw. durch „Klatsch" und Reputationsverlust. Da kooperationsfördernde Normen und zwischenmenschliches Vertrauen für Coleman eine Form sozialen Kapitals darstellen, wirke sich „closure" förderlich auf dessen Entstehung aus. Gemeinschaftsschädigendes Verhalten oder der Missbrauch von Vertrauen würden minimiert, denn auch nutzenmaximierende Akteure würden die Kosten abweichenden Verhaltens einkalkulieren. Dadurch können in einer dicht geknüpften Gemeinschaft bspw. größere Geldsummen mit nur geringem Risiko des Betrugs verliehen werden.[161] Außerdem würde durch gegenseitige soziale Kontrolle Kriminalität gesenkt und die allgemeine Sicherheit eines Stadtviertels erhöht. Coleman unterstrich (ähnlich wie Putnam) die aus seiner Sicht vorhandenen Gefahren, die sich aus dem Abschmelzen der sozialen Kontrollmöglichkeiten einer Gemeinschaft ergeben können.[162]

Der Ansatz Colemans kann besonders in einer Hinsicht für das weitere Vorgehen fruchtbar gemacht werden. Coleman betont, dass eine dichte soziale Vernetzung besonders förderlich für die Entstehung sozialen Kapitals sei. Unter Rückgriff auf Putnam kann dieses soziale Kapital als „bonding" bezeichnet werden. Durch Coleman ist ein zentraler Hinweis gewonnen, welche Eigenschaft ein soziales Netzwerk aufweisen muss, damit „bonding social capital" entsteht: Coleman spricht von

---

159   Vgl. Jansen 1999: 99 f.

160   Vgl. Coleman 1988: 105; der Begriff „closure" bezeichnet den Grad der internen Vernetzung einer Gruppe von Akteuren.

161   Vgl. ebd.: 102 f.

162   Vgl. ebd.: 118; die Betonung gemeinschaftlicher Formen sozialer Einbettung ist auch ein zentraler Gedanke des „Kommunitarismus", vgl. z.B. Etzioni 1995.

„closure" als Geschlossenheit eines sozialen Netzwerks.[163] Ein Netzwerk ist dann geschlossen, wenn ein Höchstmaß innerer Verknüpfung vorliegt, d.h. wenn die Akteure eines Netzwerks sich möglichst häufig gegenseitig als Kontakte gewählt haben und das Netzwerk daher besonders „dichtmaschig" ist. An diese Präzisierung des „bonding social capital" kann im Folgenden mit den Maßen der sog. sozialen Netzwerkanalyse angeschlossen werden.

2.5 Zwischenfazit

Soziales Kapital wurde nach Bourdieu als eine individuell verfügbare Ressource definiert, die sich aus sozialen Beziehungen ergibt. Sie entsteht dadurch, dass soziale Beziehungen durch Zeitaufwand und den Einsatz von ökonomischem, kulturellem oder symbolischem Kapital institutionalisiert werden. Über gegenseitiges „Kennen oder Anerkennen" können diese Beziehungen genutzt werden, um Unterstützung zu mobilisieren und auf das Kapital anderer zurückzugreifen (Kapitel 2.2.2). Da Bourdieu selber jedoch nicht systematisch zwischen verschiedenen Formen sozialen Kapitals unterschied, wurde auf die Unterscheidung „bonding" und „bridging" von Putnam zurückgegriffen (Kapitel 2.3). „Bonding social capital" lässt sich mit Hilfe der Thesen Colemans weiter konkretisieren, ohne dass ein an Bourdieu orientierter, akteursfokussierter Sozialkapitalbegriff aufgegeben werden muss (Kapitel 2.4).

Die soziale Netzwerkanalyse stellt nun Methoden bereit, mit denen der Beziehungsaspekt sozialen Kapitals weiter präzisiert werden kann.[164] Die zuvor erarbeiteten Aussagen der Sozialkapitaltheorie und der

---

163   Vgl. Coleman 1988: 105; Coleman 1995: 413 f. „Soziale Schließung" bezeichnet bei Coleman die (nicht zwingend beabsichtigte) Schließung eines Netzwerks durch eine besonders dichte Vernetzung. In einer anderen Definition bedeutet soziale Schließung einen Prozess, bei dem Gruppen *gezielt* versuchen, ihre Privilegien durch sozialen Ausschluss anhand bestimmter Kriterien zu monopolisieren; vgl. Parkin 1983; Weber 1985: 202.

164   Vgl. Jansen 1999; Gulas 2007.

Netzwerkansatz sollen nun zusammengeführt werden. Ziel des folgenden Kapitels ist es, Bedingungen zu formulieren, unter denen „bonding social capital" bzw. „bridging social capital" entsteht. Anschließend kann die Frage beantwortet werden: Befördern die Charakteristika der Beziehungsstrukturen türkischer Migranten eher die Bildung von „bonding social capital" oder „bridging social capital"?

3 Soziale Netzwerke

3.1 Netzwerkanalyse und soziales Kapital

Die soziale Netzwerkanalyse (auch „Social Network Analysis" oder „Netzwerkanalyse") versteht sich als „neues Paradigma in den Sozialwissenschaften".[165] Grundgedanke dieses Ansatzes ist, dass soziale Phänomene durch den Fokus auf Beziehungsmuster von Akteuren besser erklärt werden können, als durch die Erfassung individueller Attribute oder allgemeiner sozialer Kategorien, z.b. Rollen.[166] Verschiedene Netzwerkstudien liefern hierfür Beispiele: Migrationsentscheidungen liegt häufig kein Einstellungswechsel einer Person zugrunde, sondern Beziehungen zu bereits migrierten Personen im Zielland.[167] Erfolg auf dem Arbeitsmarkt hängt oft weniger von der persönlichen Qualifikation ab, sondern von Informationen, die über Bekannte erhältlich sind.[168] Das Prestige einer Person ist nicht nur an ihren sozialen Status geknüpft, sondern hängt zu einem wesentlichen Teil von ihrer Zentralität in einem Netzwerk ab, d.h. von ihrer Unverzichtbarkeit für den Austausch von Ressourcen. Aus der Perspektive einer so verstandenen „relationalen Soziologie"[169] sind weder Individuum noch Gesellschaft die Ansatzpunkte soziologischer Analyse, sondern soziale „Wechselwirkungen".[170]

Die soziale Netzwerkanalyse versteht unter einem Netzwerk zunächst sehr allgemein „die durch Beziehungen eines bestimmten Typs verbundene Menge von sozialen Einheiten".[171] Die Beziehungen zwischen den Einheiten eines Netzwerkes werden üblicherweise in Form eines Graphen dargestellt, der sich aus Knoten und Kanten zusammensetzt

---

165   Vgl. Stegbauer 2008.
166   Vgl. Pappi 1987.
167   Vgl. z.B. Haug 2000.
168   Vgl. Granovetter 1976.
169   Vgl. Emirbayer 1997.
170   Vgl. Simmel 1992 [1908]: 19.
171   Pappi 1987: 15.

(s. Abbildung 3). Ein Knoten symbolisiert in Form eines Punktes die Netzwerkelemente (Individuen oder Gruppen), während eine Kante diese Knoten als Linie verbindet. Je nach der spezifisch gemessenen Relation unterscheiden sich Netzwerke in ihrer Struktur. So kann z.B. für ein und dieselbe Menge von Elementen (z.b. einer Gruppe von Arbeitskollegen) das Netzwerk gegenseitiger Sympathiewahlen vom Netzwerk der Informationsvermittlung abweichen. Netzwerk- und Gruppenstrukturen sind nicht zwingend deckungsgleich.[172] Betrachtet man ein Netzwerk aus der Sicht eines einzelnen Akteurs, wird dieser als „Ego", seine Beziehungspartner als „Alteri" bezeichnet (Singular: „Alter"). Egozentrierte Netzwerke können gezielt erhoben werden, indem man Personen einer Stichprobe nach ihren sozialen Beziehungen und den Eigenschaften der Beziehungspartner befragt.[173]

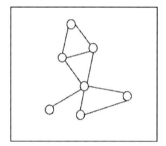

Abbildung 3: Beispielnetzwerk aus sieben Akteuren, vgl.: Wald/Jansen 2007: 97.

---

172 Gruppen können als Spezialfälle von Netzwerkstrukturen interpretiert werden, bei denen eine sinnhaft konstruierte Außengrenze zum Bezugspunkt sozialen Handelns wird (vgl. Fuhse 2006).

173 Vgl. zum Beispiel Wolf 2006; Jansen 1999. Für die Erhebung ego-zentrierter Netzwerke werden üblicherweise sog. „Namensgeneratoren" verwendet. Der Befragte wird aufgefordert, Personen zu nennen, mit denen er hinsichtlich bestimmter Beziehungstypen verbunden ist. Das „Fischer-Instrument" ist das umfassendste Erhebungsverfahren und generiert Netzwerke bis zu 6 Akteuren (vgl. Fischer 1982). Das „Burt-Instrument" ist weniger aufwändig. Mit ihm werden Befragte aufgefordert, nur Personen zu nennen, mit denen sie „wichtige persönliche Angelegenheiten" besprechen (vgl. Burt 1984). Für einen Vergleich verschiedener Namensgeneratoren vgl. Pfenning/Pfenning 1987.

Die Netzwerkanalyse versteht sich nun als Instrument, das soziale Ressourcen bzw. soziales Kapital messen kann.[174] Üblicherweise wird soziales Kapital in der Netzwerkforschung als ein Aspekt der Beziehungsstruktur definiert, „der individuellen oder korporativen Akteuren breitere Handlungsmöglichkeiten eröffnet und z.b. die Koordination ihrer Handlungsabsichten zu kollektiver Aktion erleichtert".[175] Prominente Vertreter eines netzwerkbasierten Sozialkapitalbegriffs sind bspw. Nan Lin[176], Henk Flap[177] oder Ronald Burt[178]. Soziales Kapital befindet sich nach gängiger Auffassung nicht unter alleiniger Kontrolle eines einzelnen Akteurs, sondern kann von ihm nur über Netzwerkbeziehungen genutzt werden. Damit wird es, im Gegensatz zum Ansatz Putnams, nicht auf der makrosoziologischen Ebene angesiedelt, sondern auf der „Meso-Ebene" sozialer Netzwerke bzw. auf der Mikroebene individueller Nutzung. In den durch Putnam angeregten Diskussionen um die Bedeutung sozialen Kapitals für Wohlfahrtsstaat, Zivilgesellschaft und Demokratie spielt der netzwerkbasierte Sozialkapitalbegriff daher kaum eine Rolle.[179] Vielmehr ergeben sich Parallelen zu Bourdieu. Auch Bourdieu spricht von „dem Besitz eines dauerhaften Netzes von (...) Beziehungen gegenseitigen Kennens oder Anerkennens".[180]

Wie kann soziales Kapital mit den Methoden der sozialen Netzwerkanalyse gemessen werden? Haug unterscheidet zwischen drei Aspekten sozialen Kapitals, die mit den Instrumenten der Netzwerkanalyse erfassbar sind:[181]

---

174   Vgl. Jansen 1999: 22 f.
175   Ebd.: 22.
176   Vgl. Lin 2001.
177   Vgl. Flap 2001.
178   Vgl. Burt 2001.
179   Vgl. Koob 2007: 269.
180   Bourdieu 1992a: 63.
181   Vgl. Haug 1997: 16.

1) den Ressourcen, auf die über eine Beziehung zurückgegriffen werden kann.

Die Frage ist hier: Mit *wem* ist ein Akteur vernetzt und welche Ressourcen kann er über diese Beziehung mobilisieren? Um diesen Aspekt zu messen kann bspw. der sog. Positionsgenerator verwendet werden. Dabei wird eine Person gefragt, welche ihrer sozialen Kontakte bestimmte Berufe ausüben und aufgrund dieser Position als potentielle Unterstützungsperson in Frage kommen.[182] Beim sog. Ressourcengenerator wird eine Liste spezifischer Ressourcen verwendet und eine Person hinsichtlich ihrer Zugangsmöglichkeiten dazu befragt.[183] Bei beiden Methoden steht die Frage im Vordergrund, zu welchen Personen mit welcher Kapitalausstattung oder Berufsprestige ein Akteur Kontakt hält. Dies entspricht dem hier definierten „Ressourcenaspekt" sozialen Kapitals (vgl. Kapitel 2.2.2).

2) der Positionierung eines Akteurs in einem sozialen Netzwerk

Hier wird die Position eines Akteurs *innerhalb* eines Gesamtnetzwerks betrachtet, und gefragt, ob jemand eine eher zentrale und prestigereiche oder randständige, isolierte Position innehat. So beschäftigt sich z.B. Burt mit der Frage, welche Positionen innerhalb eines Netzwerks für die Akkumulation sozialen Kapitals besonders günstig sind.[184] Er geht davon aus, dass sich Akteure an strategisch wichtigen Stellen eines Netzwerks befinden, wenn sie ansonsten unverbundene Positionen miteinander verknüpfen (d.h. als sog. „broker" fungieren). Soziales Kapital hängt nach dieser Vorstellung von der Zentralität und Bedeutsamkeit einer mikrostrukturellen Position ab und lässt sich mit netzwerkanalytischen Maßen erfassen (z.B. Prestige, „Betweenness", Zentralität).[185] Dieser Ansatz fokussiert also auf den Beziehungsaspekt sozialen Kapitals.

---

182   Vgl. Lin 2001: 66.
183   Vgl. van der Gaag/Snijders 2005.
184   Vgl. Burt 1992; Burt 2005.
185   Vgl. Haug 1997: 15; Jansen 1999.

3) der Beschaffenheit eines gesamten sozialen Beziehungsnetzwerks

Gefragt wird hier: Welche Eigenschaften weist das *gesamte Netzwerk* eines Akteurs auf? Hinter diesem Ansatz steht die Vorstellung, dass die Strukturparameter eines Gesamtnetzwerks Auswirkungen auf das in ihm gebildete soziale Kapital haben.[186] So unterstrich Coleman die Bedeutung der Geschlossenheit sozialer Netzwerke für die Entstehung von Vertrauen und kooperationsfördernden Normen. Auch Putnam skizzierte verschiedene Vergemeinschaftungsformen, in denen entweder eher „bridging" oder eher „bonding social capital" entstehen kann. Netzwerkanalytische Maße, mit denen Gesamtnetzwerke (bzw. aus der Perspektive eines Akteurs „ego-zentrierte Netzwerke") beschrieben werden können, sind z.B. Größe, Dichte, der Multiplexitätsgrad oder die soziale bzw. ethnische Homogenität eines Netzwerks[187] (s. Kapitel 3.3).

In dieser Arbeit wird dem dritten Ansatz gefolgt, indem der Blick auf die gesamte „Infrastruktur" sozialen Kapitals gelenkt wird. Die Frage lautet dementsprechend: Wie sind die sozialen Netzwerke türkischer Migranten in Deutschland beschaffen und welche *Art* sozialen Kapitals kann in dieser „Infrastruktur" entstehen? Zur Beantwortung dieser Frage werden nach einem kurzen Überblick über die Situation türkischer Migranten in Deutschland die sozialen Netzwerke dieser Bevölkerungsgruppe beschrieben (Kapitel 3.2.), um sie dann in einem zweiten Schritt mit Hilfe von Maßen der sozialen Netzwerkanalyse in das hier verwendete Begriffsschema einzuordnen. Anhand dieser Maße werden schließlich idealtypisch zwei Netzwerkformen voneinander unterschieden, in denen jeweils „bonding social capital" und „bridging social capital" entsteht (Kapitel 3.3. und 3.4.).

---

186   Vgl. bspw. Campbell/Marsden/Hurlbert 1986.
187   Vgl. Jansen 1999; Borgatti/Jones/Everett 1998.

3.2   Die sozialen Netzwerke türkischer Migranten

Die Bevölkerungsentwicklung in Deutschland ist seit dem Ende des Zweiten Weltkriegs stark durch Migrationsbewegungen beeinflusst.[188] Spätestens nach dem Zweiten Weltkrieg kann Deutschland als Einwanderungsland bezeichnet werden und ist durch mehrere Einwanderungswellen gekennzeichnet.[189] Eine dieser Einwanderungswellen war ein Ergebnis der Anwerbung sog. Gastarbeiter seit Beginn der 1960er Jahre. Diese stammten vorwiegend aus den Ländern des Mittelmeerraumes, u.a. der Türkei. Hinter dem Begriff „Gastarbeiter" verbarg sich die Vorstellung, dass angeworbene Arbeitskräfte nach ihrer Beschäftigung in deutschen Betrieben wieder in ihre Heimatländer zurückkehren würden. Nach den ersten wirtschaftlichen Rezessionserscheinungen wurde im Jahre 1973 ein Anwerbestopp für Gastarbeiter verhängt, doch zogen zahlreiche Familienangehörige der in Deutschland lebenden Einwanderer nach.[190] Spätestens ab diesem Zeitpunkt wurde deutlich, dass die angeworbenen Arbeitskräfte und ihre Angehörigen längerfristig oder auf Dauer in der BRD bleiben würden. Dieser Prozess hatte zur Folge, dass Deutschland zu einer ethnisch heterogeneren Gesellschaft wurde.

Heute sind ca. 19 % der Menschen auf dem deutschen Staatsgebiet Personen mit Migrationshintergrund. „Migrationshintergrund" bedeutet, dass Personen entweder in ihrer eigenen Biografie eine Migrationserfahrung gemacht haben oder eine Migration in der Biographie der Eltern stattfand. Als Personen *ohne* Migrationshintergrund zählen demnach nur Deutsche, die früher nie eine andere Staatsbürgerschaft besessen haben und deren Eltern Deutsche ohne Migrationserfahrung sind. Von allen Personen mit Migrationshintergrund machen türkische Migranten ca. 14 % aus[191] und bilden damit eine der größten Migran-

---

188   Vgl. Haug/Pointner 2007: 367.

189   Vgl. Hradil 2006: 56.

190   Vgl. ebd.

191   Vgl. Statistisches Bundesamt 2009: 7. Zwischen „Ausländern" und „deutschen Staatsbürgern" zu trennen ist soziologisch wenig fruchtbar, da es mittlerweile viele in Deutschland geborene und/oder eingebürgerte Personen gibt, die nicht als Ausländer bezeichnet werden können, aber sich dennoch mit Integrationsproblemen konfrontiert sehen. Für eine

tengruppen. In absoluten Zahlen entspricht dies ca. 2,4 Millionen türkischstämmigen Menschen.

Mittlerweile werden sowohl Erfolge im Bereich der sozialen Integration von Migranten angeführt, als auch „brisante Probleme, deren Folgen die Gesellschaft lange ausgeblendet hat."[192] Es muss zwischen verschiedenen Migrantengruppen unterschieden werden. So hat sich zwar die soziale Distanz der Deutschen gegenüber Zugewanderten im Zeitverlauf verringert, bleibt jedoch gegenüber türkischen Migranten höher als gegenüber anderen Gruppen.[193] Räumliche Segregation zwischen Deutschen und Migranten nimmt zwar seit den 1990er Jahren tendenziell ab, doch sind türkische Migranten oft am stärksten segregiert, d.h. sie leben besonders in Städten räumlich konzentriert.[194]

In den Bereichen Arbeitsmarkt und Bildung kann zwar von leichten Verbesserungen bei der zweiten Migrantengeneration gesprochen werden, doch sind Menschen türkischer Herkunft dort nach wie vor die am stärksten benachteiligte Gruppe: Sie sind häufiger in strukturell schwachen Branchen beschäftigt, sind stärker von Arbeitslosigkeit betroffen und sind in weiterführenden Schulen stark unterrepräsentiert[195]. Selbst Migranten, die seit über 30 Jahren in Deutschland leben, sind vom aktiven politischen Leben ausgeschlossen, sofern sie nicht eingebürgert sind.[196] Neben Ausgrenzungserscheinungen sind bei einem Teil der türkischen Migranten auch Rückzugstendenzen in Familie und Tradition oder die Hinwendung zu islamistischen Organisationen festzustellen.[197]

---

soziologische Beschreibung dieser Bevölkerungsgruppe wird „Personen mit Migrationshintergrund" verwendet (hier kurz: „Migranten"). Diese umfasst alle zugewanderten oder in Deutschland geborenen „Ausländer" (Personen ohne deutsche Staatsangehörigkeit), alle Eingebürgerten (Personen mit erworbener deutscher Staatsangehörigkeit), Personen mit mindestens einem zugewanderten Elternteil oder Elternteil ausländischer Staatsangehörigkeit sowie sog. Spätaussiedler.

192   Berlin-Institut für Bevölkerung und Entwicklung 2009: 4.

193   Vgl. Esser 2001: 29 und 40.

194   Vgl. Friedrichs 2008: 387 f.

195   Vgl. Esser 2001: 46 f.

196   Vgl. Bremer/Gestring 2004: 266.

197   Vgl. Heitmeyer et al. 1997.

Auf der Ebene sozialer Beziehungsmuster zeigt sich ein ähnliches Bild: Insbesondere bei eingewanderten Türken bleiben Kontakte häufig auf die eigene ethnische Gruppe beschränkt, während interethnische Freundschaften und Heiraten im Vergleich zu anderen Migranteng-ruppen eher die Ausnahme bleiben.[198] Über die Generationen hinweg können zwar Tendenzen zur Sozialintegration auch bei türkischen Migranten festgestellt werden. Allerdings geschieht dies langsamer als bei anderen Migrantengruppen.

Die Datenlage bezüglich der sozialen Netzwerke türkischer Migranten in Deutschland ist insgesamt sehr überschaubar.[199] Netzwerkstudien, die sich explizit auf türkische Migranten beziehen sind häufig klein-räumige Fallstudien und schöpfen bei weitem nicht das methodische Spektrum der sozialen Netzwerkanalyse aus, welches neben allgemei-nen Beschreibungen auch genaue Berechnungsverfahren liefern kann. Dies ist insofern erstaunlich, als dass die Bedeutung der Einbettung von Migranten in soziale Netzwerke schon seit einiger Zeit diskutiert wird – allerdings überwiegend in den USA. Portes stellt für die ameri-kanische Gesellschaft fest: „Recently arrived foreign groups depend greatly on their networks and bonds of solidarity in order to adapt and move ahead in american society".[200] Insbesondere der Bildungserfolg der „zweiten Generation" hänge zentral von der Unterstützung durch die eigene ethnische Gemeinschaft ab. Betont wird jedoch ebenso die Rolle von Kontakten zu Angehörigen der Aufnahmegesellschaft für eine gelungene Integration von Migranten.[201] In einem zur Aufnahme-gesellschaft erweitertem sozialem Netzwerk könnten mehr Ressourcen mobilisiert werden, da bei Deutschen eine höhere Chance besteht, dass sie über mehr ökonomisches und anerkannteres kulturelles Kapital verfügen.[202] Ebenso verfügen sie mit höherer Wahrscheinlichkeit über Verbindungen zu weiteren, einflussreichen Netzwerken und relevanten Informationen über das Leben im Zielland von Migration.

---

198   Vgl. Esser 2001: 46.
199   Vgl. Haug/Pointner 2007: 385.
200   Portes 2000: 5.
201   Vgl. Esser 1990; Esser 2001.
202   Vgl. Janßen/Polat 2006: 14.

Die vorliegende Arbeit wird sich im Folgenden auf die Darstellung relevanter Studienergebnisse konzentrieren. Hieraus können Schlussfolgerungen hinsichtlich der Frage gezogen werden, welche Form sozialen Kapitals die Beziehungsstrukturen türkischer Migranten begünstigen.

3.2.1 Empirische Befunde

Eine ganze Reihe an Studien betont die große Bedeutung familiärer Beziehungen für türkische Migranten. So unterscheiden Gestring et al. nach der Auswertung einer qualitativ angelegten Studie drei typische Netzwerkformen türkischer Migranten, die alle in unterschiedlichem Maße familienzentriert sind:[203]

- „Familie", d.h. das soziale Netzwerk besteht ausschließlich aus familiären Kontakten. Es ist von starken Bindungen geprägt, welche die Organisation des Alltags unterstützen und vor allem emotionale Ressourcen bieten.

- das „ethnisch homogene, erweitere Familiennetz". Diese Netzwerkform besteht aus der Familie und Freunden der eigenen ethnischen Herkunft. Dadurch können bereits mehr Ressourcen mobilisiert werden, auch wenn Kontakte zu Angehörigen der Aufnahmegesellschaft nicht vorhanden sind.

- das „ethnisch heterogene, erweiterte Familiennetz", d.h. zur eigenen Familie kommen auch Kontakte zu Deutschen hinzu. In der von Gestring et al. durchgeführten Studie befanden sich deutsche Kontakte meist an der „Peripherie" des Netzwerks.

---

203 Vgl. Gestring et al. 2006: 40 f.; Die Ergebnisse basieren auf 55 offenen, thematisch-strukturierten Interviews mit Migranten der zweiten Generation türkischer Herkunft (mit überwiegend niedrigen Bildungsabschlüssen) in zwei typischen Migrantenvierteln Hannovers.

Die meisten türkischen Migranten verfügten über Netzwerke des ersten Typs: „Familie".[204] Familiäre Kontakte boten oft eine Anlaufstation für Hilfe in Notlagen oder auch ganz alltäglichen Situationen und wurden von den Befragten als verlässlich und stabil geschildert.[205] Dazu gehörten nicht nur Kontakte zur Kernfamilie, sondern auch zu angeheirateten Familienmitgliedern und Ehepartnern der Geschwister. Außerfamiliäre Kontakte erwiesen sich – wenn vorhanden – als weniger intensiv und verlässlich als familiäre.[206] Die Autoren schlussfolgern: „Die Familie ist für die Befragten Grundlage ihres sozialen Kapitals"[207] und verweisen anschließend auf die Problematik, dass sich die Herkunftsfamilie gerade aufgrund der vorangegangenen Migration oft auf wenige Personen beschränkt – im Gegensatz zu Deutschen mit familienzentrierten Netzwerken. In der Ressourcendimension sozialen Kapitals ginge damit eine Einschränkung einher. Als weiteres Ergebnis heben die Autoren die soziale Homogenität der sozialen Netzwerke türkischer Migranten hervor. Sie bestünden häufig aus Akteuren mit gleichem sozioökonomischem Status und Bildungsgrad.[208] Die Hauptursache hierfür dürfte in dem hohen Anteil verwandtschaftlicher Beziehungen liegen, die bereits per se tendenziell sozial homogen sind.

Über die statistische Häufigkeit der jeweiligen Netzwerktypen konnte in der qualitativen Studie von Gestring et al. keine Aussage gemacht werden. Jedoch stützen auch Studien mit höheren Fallzahlen die Annahme, dass Netzwerke türkischer Migranten häufig familienzentriert und sozial homogen sind.

Eine der bisher umfangreichsten Studien wurde von Nauck und Kohlmann[209] zu Beginn der 1990er Jahre in West-Berlin durchgeführt. Mit Hilfe von sog. Namensgeneratoren wurden die sozialen Netzwerke türkischer Migranten rekonstruiert, indem den Befragten eine Liste von Aktivitäten vorgelegt wurde. Der Befragte wurde um Angaben gebeten, mit welchen Personen diese Aktivitäten ausgeführt wurden. Ma-

---

204   Vgl. ebd.: 37 f.
205   Vgl. ebd.: 38.
206   Vgl. ebd.
207   Ebd.
208   Vgl. ebd.: 39.
209   Vgl. Nauck/Kohlmann 1998.

ximal waren 20 Namensnennungen möglich. Anschließend wurden Eigenschaften der erfassten sozialen Beziehungen und der Beziehungspersonen („Alteri") ermittelt. Die Studie umfasste 450 Interviews mit türkischen Eltern und 450 Interview mit deren Kindern der 7. bis 9. Schulklasse.

Die Befunde bestätigen eine starke Familienzentriertheit der sozialen Netzwerke türkischer Migranten insbesondere der Elterngeneration.[210] Lediglich 34% der türkischen Väter bzw. 14% der türkischen Mütter nannten mindestens eine Kontaktperson türkischer Nationalität außerhalb der Verwandtschaft. Eine deutsche Bezugsperson wurde von nur 7% der Väter und 5% der Mütter angegeben. „Außerverwandtschaftlich-gegengeschlechtliche Beziehungen – auch innerhalb der eigenen Ethnie – kommen für Männer sehr selten, für Frauen praktisch überhaupt nicht vor; entsprechend ist der Aufbau expressiver Verkehrskreise in sehr starkem Maße an die Verfügbarkeit von Verwandtschaft gebunden."[211] Diese Verfügbarkeit von Verwandtschaft stellt (insbesondere für türkische Mütter) oft die einzige Gelegenheit zur Bildung sozialen Kapitals dar.

Die befragten türkischen Jugendlichen der „zweiten Generation" hatten deutlich mehr Kontakte zu Deutschen: 40% der türkischen Söhne und 29% der türkischen Töchter nannten mindestens einen deutschen Freund gleichen Geschlechts als Teil ihres sozialen Netzwerks. Dies ist in beiden Fällen jedoch immer noch weniger als die Hälfte und muss nicht zwingend auf die Auflösung von Verwandtschaftsbeziehungen infolge assimilativer Kulturkontakte zur Aufnahmegesellschaft zurückgeführt werden.[212] Vielmehr könnten die sozialen Netzwerke türkischer Jugendlicher aus altersspezifischen Gründen mehr Freundschaftsbeziehungen (zur eigenen Ethnie und zu Deutschen) beinhalten, die sich im Rahmen zukünftiger eigener Familiengründungen wieder auflösen werden. Auffällig ist die große Bedeutung von Geschwister- und weiteren Verwandtschaftsbeziehungen bei türkischen Jugendlichen, die sich auch bei räumlicher Distanz als sehr stabil erweisen.[213]

---

210   Vgl. ebd.: 215 f.
211   Vgl. ebd.: 225.
212   Vgl. ebd.: 219.
213   Vgl. ebd.: 220.

Hilfeleistungen werden vor allem in der Familie ausgetauscht, während die Beziehung türkischer Jugendlicher zu türkischen und deutschen Freunden stärker auf Gespräche und gemeinsame Freizeitaktivitäten beschränkt bleibt.

Generell deuten die Befunde auf „die Entwicklung hoher Solidarpotentiale in Verwandtschaftsbeziehungen türkischer Migrantenfamilien"[214] hin. Über familiäre und verwandtschaftliche Bindungen kann in Form von Hilfeleistungen und darauf folgenden Verpflichtungen das eigene soziale Kapital erhöht werden. Gerade bei Migranten bietet die Familie ein Gefühl des Beiheimatetseins und stellt eine Quelle emotionaler Unterstützung dar.[215]

Im Unterschied zu vergleichbaren deutschen Familien[216] spielen Beziehungen zu Verwandten der gleichen Generation (Geschwister, Schwager und Schwägerin) bei türkischen Familien eine größere Rolle. Das Besprechen persönlich wichtiger Dinge hat bei Deutschen eine geringere Bedeutung innerhalb familiärer Beziehungen. Weiterhin bestehen Unterschiede in der intergenerationalen Richtung der Austauschbeziehungen. In türkischen Migrantenfamilien werden instrumentelle Aktivitäten von der jungen Generation für die ältere Generation erbracht (z.B. Hilfeleistungen) und durch soziale Anerkennung seitens der älteren Generation beantwortet.[217] Dieselben Tauschprozesse finden in deutschen Familien häufiger in umgekehrter Richtung statt. Weiterhin weisen Verwandtschaftsbeziehungen türkischer Migranten eine „bemerkenswerte Kontinuität im Lebensverlauf"[218] auf. In diesem Zusammenhang spricht Haug auch von „herkunftslandspezifischem Sozialkapital", „das sich aus sozialen Beziehungen zu Angehörigen der Familie oder Personen mit gleicher regionaler oder ethnischer Herkunft ergibt und somit in der Regel mit sozialem Kapital in Familie und Verwandtschaft gleichzusetzen ist".[219] Unterschiede zwischen den Verwandtschaftsbeziehungen türkischer Migranten und Deutschen wer-

---

214 Ebd.: 220.
215 Vgl. Gestring et al. 2006: 33.
216 Z.B. vergleichbar hinsichtlich der Verfügbarkeit und Nähe von Verwandten.
217 Vgl. ebd.: 230.
218 Vgl. Nauck/Kohlmann 1998: 225.
219 Haug/Pointner 2007: 100.

den von Nauck und Kohlmann als Ergebnis einer eher kollektivistisch orientierten Kultur (Türkei) und einer eher individualistisch orientierten Kultur (Deutschland) gedeutet.[220] Nauck vermutet außerdem: „Diese Stärkung der intergenerativen Beziehungen ist eine Folge der Anpassung an die Minoritätensituation. Stabile intergenerative Beziehungen in Migrantenfamilien sind der wichtigste Schutzfaktor gegen eine mögliche Marginalisierung von Jugendlichen der zweiten Generation."[221] Besonders gestärkt würden intergenerationelle Familienbeziehungen bei einem insgesamt ungesicherten Aufenthaltsstatus von Migranten.[222]

Auch andere Studien bestätigen diese Befunde. Schubert[223], Haug und Pointner[224] sowie Janßen und Polat[225] kommen ebenfalls zu dem Ergebnis, dass die Familienbezogenheit sozialer Netzwerke bei türkischen Migranten stärker ausgeprägt ist als bei Deutschen. Heitmeyer et al. beschreiben „äußerlich stabile und weitgehend ‚uniforme' traditionelle Familienkonstellationen".[226] Deutlich mehr türkische als deutsche Jugendliche beschrieben ein „sehr gutes" Verhältnis zu ihren Eltern. Auch wenn es in türkischen Familien ebenso Auseinandersetzungen zwischen Eltern und Kindern gäbe wie in deutschen Familien, könne doch von „einem außerordentlich hohen Bindungspotential türkischer Familien ausgegangen werden".[227]

Welche Charakteristika weisen die sozialen Netzwerke türkischer Migranten noch auf – außer der Tendenz zur Familienbezogenheit und sozialen Homogenität? Einige Studien kommen zu dem Ergebnis, dass die sozialen Netzwerke von in Deutschland lebenden türkischen Migranten häufig auch ethnisch homogen sind.[228] D.h., dass die Beziehun-

---

220 Vgl. Nauck/Kohlmann 1998: 226.

221 Nauck 2007: 24.

222 Vgl. ebd. 25.

223 Vgl. Schubert 1990: 168 ff.

224 Vgl. Haug/Pointner 2007.

225 Vgl. Janßen/Polat 2006.

226 Heitmeyer et al. 1997: 68.

227 Ebd.: 71 f.

228 Haug 2003; Haug/Pointner 2007; für ähnliche Ergebnisse aus usamerikanischen Studien vgl. McPherson et al. 2001: 420.

gen dieser Netzwerke tendenziell Personen mit gleicher ethnischer Herkunft verbinden. Dies kann zunächst angesichts der Zentralität verwandtschaftlicher Beziehungen nicht weiter überraschen. Doch gehören auch Ehepartner oft der eigenen ethnischen Gruppierung an – sowohl bei Deutschen als auch bei türkischen Migranten.[229] Im Falle der türkischen Gemeinschaft ist zudem transnationales Heiratsverhalten nicht unüblich. Das heißt, dass der Ehepartner erst nach der Heirat nach Deutschland kommt und daher keine Kontakte zur Aufnahmegesellschaft mit sich bringen kann.[230] Eine Erweiterung des sozialen Netzwerks in die Aufnahmegesellschaft hinein wird dadurch zusätzlich erschwert.

Klammert man Verwandtschaft, Familie und Partnerschaft als soziale Beziehungstypen aus und erhebt gezielt *Freundschafts*netzwerke, zeigen sich unterschiedliche Ergebnisse, jedoch ebenfalls mit leichter Tendenz zur ethnischen Homogenität. Nach einer Auswertung der Daten des Integrationssurveys kommt Haug zu dem Ergebnis, dass 67% der Befragten türkischer Abstammung einen Freund oder eine Freundin mit Staatsangehörigkeit „deutsch" angab (bei insg. drei möglichen Nennungen).[231] Grundsätzlich können „deutsche Freunde" allerdings auch eingebürgerte türkische Migranten sein.[232] Hingegen haben nur 10% der befragten Deutschen eine Person türkischer Staatsangehörigkeit im Freundeskreis. Zudem zeigte sich, dass eingebürgerte Türken sowohl der ersten als auch der zweiten Generation häufiger mit Deutschen befreundet sind, als nicht-eingebürgerte Türken.

Heitmeyer et al.[233] befragten türkische Jugendliche nach der ethnischen Zugehörigkeit von Freunden, mit denen sie vorwiegend ihre Freizeit verbringen. Hier berichteten 53,4% der Befragten von einem ethnisch gemischten Freundeskreis (deutsche und türkische Jugendliche) wäh-

---

229 Vgl. Haug 2006.

230 Vgl. Janßen/Polat 2006: 13.

231 Vgl. Haug 2003: 723; die Daten stammen aus dem Integrationssurvey des Bundesinstituts für Bevölkerungsforschung (BiB).

232 „Deutsche" Freunde wurden definiert als Freunde, deren Nationalität *oder* Herkunft in den alten oder neuen Bundesländern ist.

233 Vgl. Heitmeyer et al. 1997: 89 f.

rend 30,7% der Befragten angaben, nur mit Angehörigen der eigenen Ethnie ihre Freizeit zu verbringen.

Nach einer Studie des SOEP sind hingegen nur 18% der befragten Türken mit einer deutschen Person befreundet[234] (bei insg. drei möglichen Nennungen). 59% haben keine, 13,9% ausschließlich deutsche Freunde. Bei einer von Farwick durchgeführten Befragung türkischer Migranten in der Stadt Bremen berichteten sogar 71,5% keine Freundschaften zu Personen deutscher Herkunft zu haben. Der Wunsch nach Kontakten zu Deutschen war jedoch in der Hälfte der Fälle vorhanden. Ebenfalls berichteten 67,5% der türkischen Migranten ohne Freundschaftsbeziehungen zu Deutschen von erfolglos gebliebenen Versuchen sich um Kontakte zu bemühen.[235] Bei der Studie in Bremen handelte es sich allerdings um eine Erhebung im Stadtteil Gröpelingen, der aufgrund eines sehr hohen Anteils türkischer Migranten die Gelegenheit der interethnischen Kontaktaufnahme negativ beeinflussen dürfte.

Gemeinsam ist einer Reihe von Studien, dass sich Unterschiede zwischen den Einwanderergenerationen zeigen: Deutsch-Türken (d.h. eingebürgerte türkische Migranten) nannten durchschnittlich mehr deutsche Freunde als nicht-eingebürgerte Türken.[236] Daraus kann geschlossen werden, dass der Einbürgerung bzw. der Abstammung aus einer binationalen Ehe eine große Bedeutung für interethnische Kontakte zukommt. Auch Esser fand in einem Generationenvergleich heraus, dass die zweite Generation türkischer Migranten häufiger Kontakte zu Deutschen hat.[237] Dies sei aber u.a. von einer „normalen" deutschen Schulkarriere abhängig.

Anzumerken ist noch, dass laut der Daten des SOEP 90% der deutschen Befragten (Staatsangehörigkeit deutsch, ethnische Herkunft deutsch) ausschließlich deutsche Freunde hatten. Die Netzwerke Deutscher weisen somit die geringste Multikulturalität auf.[238]

---

234 Vgl. Haug 2003: 724.
235 Vgl. Farwick 2009: 209 f.
236 Z.B bei Haug 2003: 724.
237 Vgl. Esser 1990.
238 Vgl. Haug 2003.

Es kann also nicht davon gesprochen werden, dass türkische Migranten ihre Freunde ausschließlich aus ihrer eigenen Ethnie wählen. Der Anteil der Personen türkischer Herkunft, die bei drei möglichen Nennungen keine Freundschaftsbeziehung zu deutschen Staatsangehörigen angegeben hat, liegt z.b. bei den beiden von Haug ausgewerteten Studien bei 33% (BiB) bzw. 59% (SOEP). Dies ist jedoch in einem Fall immerhin ein Drittel und im zweiten Fall mehr als die Hälfte der Befragten. Hinzu kommt, dass es sich bei den genannten deutschen Freunden auch um eingebürgerte Migranten handeln kann.

Während familiäre und verwandtschaftliche Netzwerke üblicherweise ethnisch und sozial homogen sind, lässt sich also eine ähnlich eindeutige Aussage bei Freundschaftsnetzwerken nicht treffen. Während einige Autoren bei türkischen Migranten von einer „extrem starken Konzentration der Sozialkontakte auf die eigene Ethnie"[239] sprechen, zeigen andere Studien, dass bis zu zwei Drittel der Befragten deutsche Personen als Freunde angaben. Tendenziell kann jedoch von der Bevorzugung von Angehörigen der eigenen Nationalität und der Persistenz ethnisch homogener Beziehungsmuster ausgegangen werden.[240] Hinzu kommt, dass die Freundschaftsnetzwerke türkischer Migranten nicht nur mit leichter Tendenz ethnisch homogen sind, sondern auch in stärkerem Maße sozial homogen.[241] Falls verbindliche Kontakte zu Deutschen bestanden, gehörten diese oft selber benachteiligten sozialen Schichten an. Selbst der dritte von Gestring et al. ausgemachte Netzwerktyp, das „ethnisch heterogene, erweiterte Familiennetz" wäre dann zumindest in seiner sozialen Dimension homogen.

Nach dieser Darstellung der Grundmerkmale sozialer Netzwerke türkischer Migranten werden im nächsten Abschnitt Maße der sozialen Netzwerkanalyse vorgestellt, mit denen diese Daten in die hier vorgelegte Argumentation eingeordnet werden sollen. Dabei folgt das Vorgehen dem dritten oben genannten Ansatz der Erfassung sozialen Kapitals, indem das gesamte Netzwerk als „Infrastruktur" für die Bildung sozialen Kapitals behandelt wird. Ziel ist es, anhand der Maße anschließend zwei Netzwerktypen idealtypisch voneinander zu unter-

239   Ebd.: 25.
240   Vgl. Wimmer 2002: 17; Esser 1990.
241   Vgl. Janßen/Polat 2006: 13; Gestring et al. 2006: 203.

scheiden um ihnen jeweils eine Form sozialen Kapitals („bonding" oder „bridging" social capital) zuzuordnen.

3.3   Unterscheidung zweier Netzwerktypen

3.3.1   „Strong ties" und „weak ties"

Ein Strukturmerkmal eines sozialen Netzwerks betrifft die Frage, von welcher Art von Beziehungen es charakterisiert ist. Ein Vorschlag hierzu liegt von Granovetter vor, der zwischen „strong ties" und „weak ties" unterscheidet.[242] Die „Stärke" einer Bindung besteht für Granovetter aus einer Kombination des Zeitaufwandes einer Beziehung, der emotionalen Intensität, der Intimität (in Form gegenseitigen Vertrauens) und der Menge reziprok ausgetauschter Leistungen und Zuwendungen.[243] Starke Beziehungen können definiert werden als Beziehungen, „die nicht durch Thema oder Situation spezifiziert sind, sondern (...) dauerhafte, emotionale und wechselseitige gegenseitige Unterstützung"[244] beinhalten. Als Beispiele nennt Granovetter Freundschaften oder familiäre Beziehungen.[245] Schwache Bindungen hingegen sind bspw. Bekanntschaften oder Kontakte zu Arbeitskollegen.[246] Während starke Bindungen ein hohes Maß an sozialer und emotionaler Unterstützung beinhalten können, sind schwache Bindungen besser geeignet, nicht-redundante Informationen außerhalb des sozialen Nahumfeldes zu erlangen. Granovetter spricht auch von der „strength of weak ties"[247], also der Stärke schwacher Bindungen. Soziale Netzwerke kön-

---

242   Vgl. Granovetter 1973; 1976; 1983.
243   Vgl. Granovetter 1973: 1361.
244   Schenk 1995: 18.
245   Vgl. Granovetter 1983: 201.
246   Die genaue Messung starker oder schwacher Beziehungen ist nach wie vor strittig. Für Granovetter ist diese Unterscheidung in erster Linie eine heuristische, vgl. Granovetter 1983.
247   Vgl. Granovetter 1973.

nen in ihrer Gesamtheit danach charakterisiert werden, ob in ihnen eher starke oder eher schwache Bindungen dominieren.

3.3.2 Netzwerkdichte

Ein weiteres häufig verwendetes Maß ist die sog. Dichte eines Netzwerks. Es drückt das Verhältnis der prinzipiell möglichen Relationen (sowohl starke als auch schwache Bindungen) zu den tatsächlich realisierten aus. Wenn die Anzahl der Elemente eines Netzwerkes N beträgt, so sind N (N-1): 2 Beziehungen möglich. Durch diesen Wert wird dann die Zahl der tatsächlichen Beziehungen geteilt. Je mehr sich dieser Wert der 1 annähert, desto dichter ist ein Netzwerk.[248] In einem absolut dichten Netzwerk wäre jeder Akteur mit jedem anderem durch eine soziale Beziehung verbunden, d.h. von allen potentiellen Beziehungen wären auch alle realisiert.

Bereits aus diesem Wert lassen sich Schlussfolgerungen ziehen. So hängt zum Beispiel die Diffusion neuer Informationen, die politische Mobilisierung in sozialen Bewegungen, der Grad sozialer Kontrolle in einer Gemeinschaft oder z.B. auch die Ausbreitung von Infektionen stark von der Dichte eines Netzwerks ab. Statt von „Dichte" ist zum Teil auch von „Geschlossenheit" (vgl. „closure" bei Coleman) die Rede. Damit wird üblicherweise keine Aussage darüber gemacht, ob ein soziales Netzwerk andere Akteure bewusst ausschließt. Geschlossenheit bezieht sich darauf, dass im Extremfall alle Knoten eines Netzwerks mit einer durchgehenden Linie verbunden sind.[249] Die Netzwerkdichte ist das zweite Netzwerkmaß, das für die vorliegende Arbeit relevant ist.

---

248 Vgl. Holzer 2006: 38.
249 Vgl. Coleman 1995: 413 f.

3.3.3 Multiplexitätsgrad

Ein weiteres Strukturmerkmal eines sozialen Netzwerkes kann durch den sog. Multiplexitätsgrad ausgedrückt werden. Eine Beziehung ist dann multiplex, wenn sie mehrere Interessen der beteiligten Akteure bedient.[250] Diese Dimension misst also die Anzahl der Beziehungsdimensionen einer Relation zweier Akteure. Wenn Alter für Ego nicht nur Ratgeber, sondern auch Verwandter und im kleinen Familienbetrieb gleichzeitig auch Arbeitskollege ist, würde man von einer multiplexen, d.h. mehrere Rollen einer Person betreffenden Beziehung sprechen.[251] Bei einer uniplexen Beziehung überlappen sich die verschiedenen Netzwerke einer Menge an Personen (in diesem Fall Ratgeber-, Arbeitskollegen- und Verwandtschaftsnetzwerk) nicht an denselben Kanten des Netzwerks. Im Extremfall wäre für jeden Beziehungsinhalt ein anderer Ansprechpartner vorhanden. Ratgeber, Arbeitskollege und Verwandter wären dann drei verschiedene Personen. Die Rollenbeziehungen von Ego würden sich dann fächerartig aufspannen, während bei einer multiplexen Beziehung der Fächer geschlossen wäre und die Linie nur zu einer Person laufen würde.[252]

Multiplexe Beziehungen gelten aufgrund ihrer hohen Interaktionsdichte als potenziell vertrauensvollere Beziehungen.[253] Sie beinhalten andererseits ein höheres soziales Druckpotential, da abweichendes Verhalten in unterschiedlichen Rollenkontexten von derselben Person beobachtet und sanktioniert werden kann. Auch wenn Multiplexität das Merkmal einer einzelnen sozialen Beziehung ist, kann über den sog. Multiplexitätsgrad auch ein ganzes soziales Netzwerk charakterisiert werden. Der Multiplexitätsgrad definiert sich – analog zum Maß der Dichte – über die Anzahl aller multiplexen Beziehungen in einem Netzwerk bezogen auf die Zahl möglicher Beziehungen.[254]

---

250 Vgl. Gluckman 1955: 19.

251 Vgl. Jansen 1999: 74.

252 Vgl. Boissevain 1974: 29.

253 Vgl. ebd.: 32.

254 Vgl. Jansen 1999: 105; hierfür muss festgelegt werden, ab wie vielen überlappenden Beziehungsdimensionen eine Beziehung als multiplex gilt;

3.3.4 Homogenität

Die Homogenität eines Netzwerks gibt darüber Auskunft, wie ähnlich sich die Akteure bzgl. sozialer oder demographischer Merkmale sind, z.b. Geschlecht, Alter, sozio-ökonomischer Status oder ethnische Herkunft.[255] Die Homogenität eines Netzwerks hängt von dem betrachteten Beziehungsinhalt ab. Familiäre Beziehungsnetzwerke sind bzgl. sozialer und ethnischer Merkmale tendenziell homogen. Ähnliches gilt häufig für Freundschaftsnetzwerke.[256]

Die Ursache für die Tendenz zur Homogenität von Netzwerken wird als soziale Homophilie bezeichnet.[257] „Homophily is the principle that a contact between similar people occurs at a higher rate than among dissimilar people."[258] Differenzen und Gemeinsamkeiten bezüglich sozialer Kategorien und individueller Merkmale werden durch das Homophilie-Prinzip in Distanz und Nähe sozialer Beziehungen übersetzt. Dadurch konzentrieren und gruppieren sich Akteure mit bestimmten Eigenschaften auch an bestimmten Orten im sozialen Raum. Nicht nur Familien- und Freundschaftsbeziehungen sind tendenziell sozial bzw. ethnisch homogen, sondern auch Akteure in schwachen Bindungen weisen erstaunlich häufig soziale Ähnlichkeiten auf, z.b. flüchtige Bekanntschaften mit erst kurzer gemeinsamer Interaktionsgeschichte.[259]

Zum einen wird vermutet, dass Homogenität auch stabilere Beziehungen begünstigt. Sozial homogene Akteure sind eher in der Lage, Probleme als gemeinsame Probleme wahrzunehmen und ihre Handlungen zu koordinieren als sozial heterogene Akteure.[260] Andererseits ermöglicht eine sozial heterogene Zusammensetzung des eigenen sozialen

---

vgl.ebd. 99; zudem müssen Beziehungsarten erst voneinander unterschieden werden, vgl. Schenk 1995: 16.

255 Vgl. Marsden 1988.
256 Vgl. Laumann 1973: 83 f.
257 Vgl. McPherson et al. 2001; Marsden 1988: 58.
258 McPherson et al. 2001: 416.
259 Vgl. ebd.: 418.
260 Vgl. Marsden 1988: 58.

Netzwerks auch den Zugang zu unterschiedlicheren Informationen. Heterogene Netzwerke zeigen an, dass ein Akteur in unterschiedliche gesellschaftliche Sphären eingebunden ist und Zugang zu verschiedenen Unterstützungsquellen hat.[261] Starke soziale Homophilie hingegen kann zu einer Abnahme der Kontakthäufigkeit zu anderen Gruppen führen und damit soziale oder ethnische Segmentationstendenzen fördern.

3.3.5 Zusammenhang der Netzwerkmaße

Netzwerke starker Bindungen sind üblicherweise auch dichte Netzwerke. Dies wird von Granovetter folgendermaßen begründet[262]: Die Chance, dass Akteur A die sozialen Kontakte von Akteur B kennen lernt (und umgekehrt), ist umso höher, je stärker die Beziehung zwischen A und B ist. Im Falle einer Triade (d.h. einem Beziehungsmuster zwischen drei Personen) wird dies noch deutlicher (s. Abbildung 4).

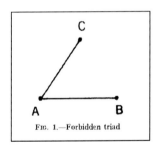

FIG. 1.—Forbidden triad

Abbildung 4: Forbidden Triad, vgl.: Granovetter 1973: 1363.

---

261   Vgl. Schenk 1995: 17.
262   Vgl. Granovetter 1973: 1362.

Wenn ein Akteur A jeweils eine starke Bindung zu Akteur B und Akteur C hat, ist die Chance gering, dass B und C sich überhaupt nicht kennen. Granovetter spricht hier auch von einer „forbidden triad", die empirisch selten auftritt. Bereits mindestens zwei starke Bindungen eines Akteurs wirken netzwerkverdichtend, indem sie die Wahrscheinlichkeit erhöhen, dass sich auch die Kontakte untereinander vernetzen. Dies trifft auf Freundschaftsnetzwerke und – in noch stärker institutionalisiertem Maße – auf Familiennetzwerke zu.

Starke Bindungen wirken nicht nur netzwerkverdichtend, sondern sind tendenziell auch multiplexe Bindungen.[263] Misst man die Multiplexität einer Beziehung über die Menge an Aktivitäten mit identischen Netzwerkmitgliedern[264] so sind starke Bindungen alleine aufgrund der größeren Kontakthäufigkeit multiplexer als schwache Bindungen. Bedeutet Multiplexität die Anzahl der in einer sozialen Beziehung aufgehobenen Rollenbeziehungen, so umfassen starke Bindungen oft die ganze Person und nicht nur einen einzelnen Rollenaspekt und sind daher auch multiplexer. Ein hoher Multiplexitätsgrad deutet außerdem auf eine hohe Eingebundenheit der Akteure in ein soziales Netzwerk hin. Starke Bindungen hängen also nicht nur positiv mit der Netzwerkdichte zusammen, sondern auch mit dem Multiplexitätsmaß eines Netzwerks.

Ein weiterer Zusammenhang ergibt sich zwischen der Dichte eines sozialen Netzwerks und dem Grad seiner Diversität (d.h. Homogenität bzw. Heterogenität). Je dichter ein soziales Netzwerk, desto geringer ist seine soziale bzw. ethnische Diversität.[265] Ein soziales Netzwerk, das überwiegend aus Familien- und Freundschaftsbeziehungen („strong ties") besteht, wird aufgrund höherer Dichte auch tendenziell homogener sein. Starke Bindungen korrelieren demnach nicht nur mit hoher Netzwerkdichte und Multiplexität, sondern auch mit geringer Diversität der sozialen Kontakte, d.h. einem hohen Homogenitätsmaß.

---

263   Vgl. Wellman/Wortley 1990: 564.
264   Vgl. Nauck/Kohlmann 1998: 214.
265   Vgl. Campbell et al. 1986: 102.

3.4 Die zwei Formen sozialen Kapitals

Das Ziel dieses Abschnitts ist die idealtypische Gegenüberstellung zweier Netzwerkformen, in denen einmal „bonding" und einmal „bridging social capital" entsteht.[266] Dazu wird an den netzwerkbasierten Sozialkapitalansatz von Flap und Völker angeknüpft.[267] Sie unterscheiden schematisch zwischen zwei Netzwerktypen (s. Abbildung 5).[268]

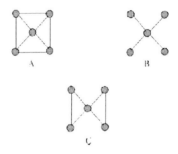

Fig. 1. Social capital in different network structures: cohesive network (A), structural holes (B) and network with separated cliques (C).

Abbildung 5: Netzwerktypen, vgl. Flap/Völker 2001: 301.

266 „Idealtypus" wird im Anschluss an Max Weber verstanden als eine heuristische Konstruktion, die durch „einseitige Steigerung eines oder weniger Gesichtspunkte" zu Einsichten in die empirische Wirklichkeit verhilft; vgl. Weber 1968: 190 ff.
267 Vgl. Flap/Völker 2001.
268 Bei Netzwerken des Typs C, sog. „bow-tie"-Netzwerken, steht ein Akteur in einer vermittelnden Position zwischen zwei cliquenartigen Netzwerken. Krackhardt (1999) vermutet, dass eine derartige Position neben strukturellen Vorteilen zu ungünstigen Rollenkonflikten führen kann. In der vorliegenden Arbeit wird auf diese These nicht weiter eingegangen werden, da hierzu neben einer Beschreibung von Gesamtnetzwerken die Position eines Akteurs innerhalb ihrer näher analysiert werden müsste. Dies entspräche dem zweiten von Haug benannten Aspekt sozialen Kapitals aus Sicht der Netzwerkanalyse. Anknüpfungspunkte für die Integrationsforschung ergäben sich z.B. bei der Situation von Migranten, die sich in der Position „zwischen" Netzwerken unterschiedlicher Kulturen befinden.

Netzwerke des Typs A werden hier als „kohäsive Netzwerke" („cohesive networks") bezeichnet.[269] Mit den in diesem Kapitel darge- stellten Netzwerkmaßen können kohäsive Netzwerke als dicht, multi- plex, homogen und durch „strong ties" geprägt beschrieben werden. Wie gezeigt wurde korrelieren diese Maße untereinander positiv. Ins- besondere familiäre und verwandtschaftliche Beziehungsstrukturen können diesem Netzwerktyp zugeordnet werden, da sie aus „strong ties" bestehen.

„Locker geknüpfte Netzwerke" des Typs B („structural holes") sind durch eine geringe Netzwerkdichte, einen niedrigen Multiplexitätsgrad und eine sozial heterogene Zusammensetzung geprägt. In ihnen über- wiegen „weak ties". Hier korreliert – mit genau umgekehrtem Vorzei- chen zum ersten Netzwerktyp – eine niedrige Netzwerkdichte mit einem geringen Multiplexitätsgrad und einer hohen Diversität der Akteure bezüglich ihrer sozialen Merkmale. Bekanntschaftsnetzwerke und Netzwerke von Arbeitskollegen ähneln tendenziell diesem Netz- werktypus, da sie oft aus „weak ties" aufgebaut sind.

Die im Folgenden vertretene These lautet, dass „bonding social capital" besser in kohäsiven Netzwerken (mit all den genannten Merkmalen) und „bridging social capital" eher in locker geknüpften Netzwerken entsteht. Kohäsive Netzwerke sind besonders gut geeignet, durch „strong ties" gegenseitiges Vertrauen und Kooperation zu fördern. Je stärker eine soziale Beziehung, d.h. je höher ihr Verpflichtungsgrad oder je vertrauensvoller sie ist, desto leichter kann sie „bonding social capital" generieren, d.h. soziales Kapital, welches emotionale und sozi- ale Unterstützung bereitstellt und „inward looking" ist, d.h. in einer Gemeinschaft entsteht und dort besonders gut wieder eingesetzt wer- den kann – oder aufgrund von Verpflichtungen eingesetzt werden muss. Diese Annahme folgt den Thesen Colemans (vgl. Kapitel 2.4.). Der Begriff „kohäsiv" beinhaltet eine dichte interne Vernetzung von Akteuren und entspricht dem Konzept der „closure" bei Coleman. Von einigen Autoren werden Netzwerke migrantischer Gemeinschaften als Beispiel dieses Netzwerkstypus genannt.[270] Viele ethnische Gemein-

---

269 Der Begriff der „Kohäsion" bezeichnet allg. den Zusammenhang der Teile eines Ganzen, z.B. der Akteure einer Gruppe oder eines Netzwerks, vgl. grundlegend Moreno/Jennings 1937 sowie Friedkin 2004.

270 Vgl. Haug/Pointner 2007, Portes 2000: 5 f.; Zhou/Bankston 1998.

schaften würden sich durch „closure" auszeichnen und gerade aus einer starken internen Vernetzung Vorteile haben.[271]

In locker geknüpften Netzwerken kann besonders gut „bridging social capital" gebildet werden, d.h. soziales Kapital, welches sich aus schwachen Bindungen speist und z.b. zur Gewinnung neuer Informationen aus Fremdgruppen eingesetzt werden kann. Besonders Netzwerktheoretiker wie z.b. Burt und Granovetter betonen die Stärke „schwacher Bindungen". Gerade die Abwesenheit von Beziehungen zwischen zwei Akteuren gibt Dritten die Möglichkeit der Vermittlung und damit eine günstige Ausgangslage für den Zugang zu Informationen aus unterschiedlichen Lebenswelten.[272] Bekannte und Arbeitskollegen, d.h. „schwache Bindungen", seien besser in der Lage, nicht redundante Informationen zu neuen Jobmöglichkeiten zu liefern als Personen des sozialen Nahumfelds.[273] Damit widersprechen Netzwerktheoretiker der Annahme, soziales Kapital könne besonders gut in kleinen und abgeschlossenen Gemeinschaften entstehen und betonen den Aspekt des „outward looking". Die bisherigen Erkenntnisse fasst Abbildung 6 zusammen.

Soziales Kapital		
Beziehungsaspekt Soziale Einbettung eines Akteurs		Ressourcenaspekt Kapitalausstattung der Kontaktpersonen
Kohäsive Netzwerke	Locker geknüpfte Netzwerke	
„bonding social capital"	„bridging social capital"	

Abbildung 6: Zusammenfassung

271 Vgl. Portes 2000: 6.
272 Vgl. Burt 1992.
273 Vgl. Ganovetter 1976; Lin 2001: 10.

4 Das soziale Kapital türkischer Migranten

Welche Schlussfolgerungen können nun zum sozialen Kapital türkischer Migranten in Deutschland gezogen werden?

Die vorgestellten Befunde zu den Beziehungsstrukturen türkischer Migranten deuten darauf hin, dass sie aufgrund der Familienzentriertheit ihrer sozialen Netzwerke häufig in kohäsive Netzwerke eingebettet sind: Ihre Netzwerke sind oft von *„strong ties"* in Form familiärer und verwandtschaftlicher Beziehungen geprägt. Aufgrund des besonderen Solidarverhältnisses gelten Familienbeziehungen üblicherweise als stabil und belastbar.[274] Sie stellen eine wichtige Quelle emotionaler und auch materieller Unterstützung dar. Da es sich bei den Beziehungen tendenziell eher um „strong ties" handelt, sind sie auch *multiplexer*. Sie sind multiplex, da sie mehrere Beziehungsinhalte gleichzeitig umfassen, bspw. neben emotionaler Unterstützung auch materielle Hilfeleistungen – vor allem auch von den Kindern an die Elterngeneration.[275] Die Loslösung von der eigenen Familie oder das Wegbrechen familiärer Beziehungen durch Konflikte ist deshalb in vielen Fällen mit großen Einbußen sozialer Unterstützung verbunden.[276] An Granovetter anknüpfend werden ihre sozialen Netzwerke aufgrund ihrer familiären und verwandtschaftlichen „strong ties" als *dichte* Netzwerke beschreibbar. Ebenso führt die Familienzentriertheit dazu, dass ihre sozialen Netzwerke oft sozial und ethnisch *homogen* sind. Nicht-familiäre Beziehungen (z.B. Freundschaftsbeziehungen) sind ebenfalls tendenziell sozial und ethnisch homogen.

Der Blick auf nicht-familiäre bzw. nicht-verwandtschaftliche Netzwerke zeigt jedoch deutliche Unterschiede zwischen der ersten Generation und der zweiten Generation türkischer Migranten. Freundschaftsnetzwerke bestehen zwar noch oft aus Angehörigen der eigenen Ethnie, doch sind türkische Migranten der zweiten Generation häufiger mit

---

274 Vgl. Nave-Herz 2002: 15.

275 Vgl. Nauck/Kohlmann 1998: 230.

276 Dadurch kann diese Problematik also relational, d.h. durch den Blick auf das Muster sozialer Einbettung eines Akteurs erklärt werden; vgl. Gestring et al. 2006, 39.

Deutschen befreundet. Auf eingebürgerte türkische Migranten trifft dies ebenfalls zu.[277] Die ethnische Homogenität nicht-familiärer Netzwerke scheint sich nach Aufenthaltsdauer und rechtlichem Status zu unterscheiden. Doch nach wie vor sind soziale Netzwerke häufig, in denen sich keine Personen deutscher Staatsangehörigkeit befinden. Häufig liegt auch bei türkischen Migranten der zweiten Generation soziale Homogenität vor, d.h. die Akteure in ethnisch homogenen Netzwerken ähneln sich ebenfalls bezüglich ihres sozioökonomischen Status.[278]

In ihren Netzwerkstrukturen, so kann geschlussfolgert werden, können türkische Migranten besser „bonding social capital" bilden, während für die Bildung des „bridging social capital" vor allem locker geknüpfte Netzwerke geeignet wären. Die Chance, dass türkische Migranten auch „bridging social capital" bilden können, dürfte stark von dem Grad der Familienzentriertheit sozialer Beziehungen abhängen. Ebenso wären ethnische und soziale Heterogenität für ein locker geknüpftes Netzwerk von Vorteil und könnten „Brücken bildendes Sozialkapital" begünstigen. Besonders soziale Beziehungen zu Deutschen in Form von „weak ties" könnten „bridging social capital" bzw. „aufnahmelandspezifisches Sozialkapital" bilden, welches in der deutschen Gesellschaft von zentralem Nutzen ist. Dies scheint jedoch oft nicht der Fall zu sein. Vielmehr scheint ihr soziales Kapital häufig in der Kombination „bonding"/"herkunftslandspezifisch" vorzuliegen.

Können türkische Migranten diese Variante sozialen Kapitals vorteilhaft nutzen oder ergeben sich Nachteile? Muss man bei der Entscheidung über das „nützlichere" Sozialkapital bei der Integration von Migranten eher Coleman und der These der Binnenintegration folgen oder eher den Netzwerktheorien mit ihrer Betonung schwacher Bindungen?

---

277 Vgl. Haug/Pointner 2007.
278 Vgl. ebd.: 35.

4.1 Vor- und Nachteile der Kapitalart

Anhand von Strukturmerkmalen sozialer Netzwerke wurden zwei Formen sozialen Kapitals unterschieden und Aussagen über die Zugangsmöglichkeiten von türkischen Migranten zu einer der beiden Formen getroffen. Bisher ging es vor allem um die Frage, wie und wo soziales Kapital entsteht – soziales Kapital wurde als abhängige Variable betrachtet.

Es soll nun darum gehen, wie das „bonding social capital" türkischer Migranten wieder eingesetzt werden kann, d.h. es wird nun als unabhängige Variable betrachtet. „Einsetzen" kann zunächst allgemein als Nutzung von Beziehungen verstanden werden, aus denen sich Vorteile für einen Akteur ergeben.[279] Allgemein wird zwischen zwei Arten von „Nutzen" unterschieden, die sich aus dem Einsatz sozialen Kapitals ergeben: Lin unterscheidet zwischen „instrumental returns" (z.B. finanzielle Unterstützung oder soziale Anerkennung) und „expressive returns" (z.B. positive Auswirkungen sozialen Kapitals auf Gesundheit und Lebenszufriedenheit).[280] „Instrumentelle Ressourcen" können *über* Beziehungen mobilisiert werden, während sich soziale und emotionale Unterstützung aus den sozialen Beziehungen *selber* ergeben.[281] Dementsprechend lässt sich auch der Einsatz sozialen Kapitals wieder in einen Ressourcen- und einen Beziehungsaspekt unterteilen. Beide Aspekte sollen in Bezug auf türkische Migranten nun diskutiert werden.

4.1.1 Der Beziehungsaspekt

Für eine Reihe von Autoren liegen die Vorteile kohäsiver Vernetzung und „bonding social capital" auf der Hand, besonders in Bezug auf

---

279 D.h. Beziehungen „spielen zu lassen"; vgl. Schultheis 2008: 23. Bourdieu spricht von sozialem Kapital auch als „Beziehungs- und Verpflichtungskapital" (vgl. Bourdieu 1992a: 70).

280 Vgl. Lin 2001: 17 f.

281 Vgl. Flap/Völker 2001.

Migrantengruppen.[282] Man kann sich untereinander besser in einem unbekannten Land vertrauen, wodurch der Austausch von Hilfeleistungen und das Knüpfen verlässlicher Beziehungen erleichtert werden.[283] Von Alejandro Portes wird in diesem Zusammenhang der Aspekt der „bounded solidarity" hervorgehoben.[284] Die Zugehörigkeit zur selben ethnischen Gruppierung kann im Idealfall dazu führen, dass sich Menschen aus einem Gefühl der Solidarität heraus gegenseitig unterstützen, vor allem, wenn sie sich mit der Eigengruppe und ihren Werten identifizieren. Der emotional motivierte Wunsch, enge Beziehungen zu Verwandten und Freunden aufrechtzuerhalten, kann ebenfalls ein starkes Kooperationsmotiv sein.[285] Vertrauen basiert hier also auf Gruppen- bzw. auf Familienzugehörigkeit, d.h. in einer Bourdieuschen Lesart: symbolischem Kapital.

Nach dieser Argumentation können in kohäsiven ethnischen Netzwerken Beziehungen leichter geknüpft werden und man kann sein soziales Kapital leichter „spielen lassen". Ressourcen, wie z.B. Geld oder Informationen können schneller und häufig sogar ohne besondere Absicherungen erhalten bzw. getauscht werden. Locker geknüpfte Netzwerke, die aus mobilen Akteuren mit unverbindlichen Kontakten bestehen, sind hingegen weniger gut geeignet, „bounded solidarity" als Quelle sozialen Kapitals bereitzustellen, da häufig definierbare Gruppengrenzen fehlen sowie die Interaktionsdichte insgesamt niedriger ist.

Neben der Dichte eines Netzwerks können auch multiplexe Beziehungen positiv mit dem Maß gegenseitig erbrachten Vertrauens korrelieren.[286] Da ein Akteur seine Bezugsperson aus mehr als nur einem Beziehungskontext kennt, gibt es auch mehr Gelegenheiten für eine erfolgreiche gemeinsame Interaktionsgeschichte. Wenn Ego die Erfahrung gemacht hat, dass Alter als Arbeitskollege vertrauenswürdig ist (z.B. Hilfeleistungen erwidert hat), wird er ihn vermutlich auch als

---

282 Vgl. Lin/Ensel/Vaughn 1981; Portes 1998: 13.

283 Vgl. Flap/Völker 2001: 302.

284 Portes 1998: 7 f.; in etwa: „begrenzte Solidarität". Diese Form der Solidarität ist nach Portes „begrenzt", indem sie sich nur oder überwiegend auf Angehörige der eigenen Gemeinschaft bezieht.

285 Vgl. Haug 1997: 17.

286 Vgl. Boissevain 1974: 32.

Ratgeber bei persönlichen Schwierigkeiten als vertrauensvoll einstufen. Das Gegenteil kann natürlich auch der Fall sein: Konflikte in einer Rollenbeziehung wirken sich auf andere Beziehungen des Rollen-Sets aus. Man kann also lediglich von einem Potenzial für enge, vertrauensvolle Beziehungen sprechen. Wenn multiplexe Beziehungen jedoch potentiell vertrauensvoller sind als uniplexe Beziehungen, können in ihnen auch die von Lin beschriebenen „returns" besser erlangt werden (instrumentell und expressiv).

Kohäsive Netzwerke eignen sich also für eine schnellere und verlässlichere Mobilisierung von Ressourcen als locker geknüpfte Netzwerke. Damit leisten sie einen wichtigen Beitrag zur Lebensqualität von Migranten.[287] Sie können z.B. negative Auswirkungen von Stress abmildern[288], subjektives Wohlbefinden erhöhen[289] und damit negative psychosoziale Folgen schwieriger Lebenssituationen abmildern. Auch eine ansonsten schlechte Kapitalausstattung (Geld, Bildung) kann zum Teil durch soziales Kapital kompensiert werden.

Neben den Vorteilen dieses Netzwerktyps zeigen sich jedoch auch deutliche Nachteile. Portes vermutet u.a. drei mögliche negative Auswirkungen von dichten Netzwerken ethnischer Gemeinschaften: ein hohes Ausmaß sozialer Kontrolle, hohe Ansprüche an Gruppenmitglieder („excess claims on group members") und die Begünstigung nach unten nivellierender Normen („downward leveling norms").[290] Mit dieser Sichtweise verbindet Portes eine Kritik am Colemanschen Sozialkapitalansatz: Er würde enge, familiäre und nachbarschaftliche Kontakte überbewerten und eine nostalgische Sicht auf kleinräumige, kommunitäre Gemeinschaften befördern.[291] Dieckmann spricht in diesem Zusammenhang von „Sozialkapitalromantik".[292] Ausgeblendet würden aus dieser Perspektive die problematischen Folgen einer engmaschigen sozialen Kontrolle.

---

287 Vgl. Nauck/Kohlmann 1998.
288 Vgl. Hurlbert 1991; siehe auch Röhrle 1994.
289 Vgl. Diewald/Lüdicke 2007.
290 Vgl. Portes 1998: 8.
291 Z.B. Schuller et al. 2000: 7 f.; Levi 1996; Portes 1998.
292 Dieckmann 1993, 31.

In dichten Netzwerken ist ein höheres Maß an sozialer Kontrolle möglich, da abweichendes Verhalten schneller kommuniziert und Sanktionen effizienter organisiert werden können.[293] Die Dichte eines Netzwerks liefert zwar keine Aussage über die tatsächlich ausgetauschten Informationen, sondern nur über potentiell mögliche Kommunikation. Doch kann bereits die wahrgenommene Dichte eines Netzwerkes – unabhängig vom tatsächlichen Informationsaustausch – individuelles Verhalten beeinflussen, wenn Akteure glauben, dass ihr Verhalten zum Thema von Kommunikation (z.B. in der Familie) werden kann. Streng sanktionierte Normen können Hindernisse für individuelle Erfolge und sozialen Aufstieg sein.[294]

Auch multiplexe Beziehungen besitzen neben einem höheren Maß an Vertrauen auch die Kehrseite eines höheren sozialen Druckpotenzials.[295] Der Abbruch einer multiplexen Beziehung hat ungünstigere Konsequenzen für einen Akteur, da mehr Beziehungsdimensionen zeitgleich wegfallen als bei einer uniplexen Beziehung. Aufgrund geringerer Möglichkeiten der Rollentrennung setzt ein Akteur bei einer Gefährdung der vertrauensvollen Familienbeziehung evtl. auch eine Nachbarschafts-, Ratgeber- oder Arbeitsbeziehung zur selben Person aufs Spiel. Das Verlassen eines von Multiplexität geprägten sozialen Netzwerks (bspw. durch räumliche oder soziale Mobilität) kann sich außerdem für das Umfeld als benachteiligend erweisen, da man für die Zurückbleibenden gleich in mehrerer Hinsicht nicht mehr als Beziehungsperson zur Verfügung steht – auch man selber kann schließlich das soziale Kapital für andere sein. Zudem kann eine hohe Anzahl multiplexer Beziehungen die Notwendigkeit verringern, nach neuen Kontakten außerhalb des eigenen Netzwerks zu suchen – wodurch „closure" gefördert wird. Soziale Anlässe (z.B. Familientreffen) bieten in multiplexen Netzwerken die Möglichkeit der Pflege mehrerer Beziehungen gleichzeitig[296] wodurch „strong ties" weiter verfestigt werden. Das Individuum am „Kreuzungspunkt sozialer Kreise"[297] ist hingegen

293   Vgl. Coleman 1988: 105 f.
294   Vgl. Haug 2007: 99.
295   Vgl. Boissevain 1974: 29.
296   Vgl. Jansen 1999: 101.
297   Vgl. Simmel 1992 [1908].

mit stärkeren Handlungsanreizen zur Bildung von „weak ties" konfrontiert und besitzt, wie Simmel betont hat, einen größeren individuellen Handlungsspielraum.

Die problematischen Folgen engmaschiger Vernetzung finden sich auch in der Lebenssituation türkischer Migranten wieder.[298] So vorteilhaft sich bei ihnen eine dichte Vernetzung untereinander erweisen kann: Aus Sicht der Sozialkapitaltheorie und der Netzwerkanalyse zeigen sich Ambivalenzen, wenn nicht gar deutliche Problematiken. Dichte familiäre Netzwerke bieten Unterstützung – doch werden sie auch als „Käfig"[299] beschrieben, wenn sie neben Hilfeleistung und Solidarität starke Verpflichtungen auferlegen und Handlungsoptionen einschränken.

Zweitens zieht Portes aus einigen in den USA durchgeführten Studien den Schluss, dass Migranten, denen Netzwerke außerhalb der eigenen Gemeinschaft fehlen, verstärkt soziales Kapital in Form familiärer Unterstützung und Pflege kultureller Traditionen bilden[300] – gleichsam als Kompensation fehlender Anbindung an die Aufnahmegesellschaft. Diese Form sozialen Kapitals verstärkt letztlich noch die sozialen und moralischen Verpflichtungen gegenüber dem eigenen Milieu. An wirtschaftlich erfolgreiche Familienmitglieder können Erwartungen gestellt werden, ihren Erfolg mit anderen zu teilen. Portes bezeichnet dies als „excess claims on group members".[301] Auch seitens der übrigen ethnischen Gemeinschaft kann die Erwartung bestehen, dass bei ökonomischen Erfolgen mittels sozialen Kapitals eine Gegenleistung erbracht werden muss. „Negative Konsequenzen der sozialen Einbettung in ethnische Netzwerke können in der Verhinderung von Geschäftserfolgen durch soziale Verpflichtungen zur gegenseitigen Unterstützung, Konformitätsdruck und Verhinderung des individuellen Aufstiegs in der Aufnahmegesellschaft (...) bestehen".[302] Eine Lösung könne in Ext-

---

298 Vgl. z.B. Janßen/Polat 2006: 13 f.; Nauck/Kohlmann 1998; Haug/Pointner 2007: 387.

299 Janßen/Polat 2006: 13.

300 Vgl. Portes 1998: 14.

301 Vgl. Portes 1998: 8 und 16.

302 Haug 2007: 99 f.

remfällen nur in einem Verlassen des Herkunftsmilieus gefunden werden.[303]

Drittens kann in sozial benachteiligten Gemeinschaften Gruppensolidarität auch aus Opposition zur Mehrheitsgesellschaft entstehen.[304] Ein Ausstieg aus der Gemeinschaft (bspw. durch sozialen Aufstieg) wird in diesem Fall negativ sanktioniert, da er der vorgeblichen Chancenlosigkeit widerspricht und als Enttäuschung von Solidaritätserwartungen gesehen wird. Diese „nach unten nivellierenden Normen" („downward leveling norms"[305]) sind häufig eine langfristige Folge der Diskriminierung einer Minderheit durch die „Mehrheitsgesellschaft". Sie können zwar die Bildung von „bonding social capital" begünstigen, führen aber zusätzlich zur Ausgrenzung „von außen" zu einer Reproduktion sozial benachteiligter Lebensverhältnisse „im Inneren" der ethnischen Gruppierung. In manchen Fällen liegt „bonding social capital" dann nicht nur in Form gegenseitiger Unterstützungsleistungen vor, sondern offenbart seine „dunkle Seite": kriminelle Netzwerke, Jugendgangs oder mafiöse Strukturen bilden dann ebenfalls „soziales" Kapital und erschweren Kontakte zu Personen außerhalb des eigenen Milieus.[306]

Die hier beschriebenen Problematiken ergeben sich allesamt aus der „Infrastruktur" in der soziales Kapital entsteht: den sozialen Netzwerken türkischer Migranten. Wirft man nun einen Blick auf den Ressourcenaspekt sozialen Kapitals, also auf das, was in diesen Netzwerken als Hilfeleistungen überhaupt ausgetauscht wird, werden weitere Nachteile von „bonding social capital" im Migrationskontext deutlich. In den kohäsiven Netzwerken türkischer Migranten fehlen oft deutsche Muttersprachler oder Personen, die Informationen über das Schul- und Berufssystem Deutschlands besitzen. Ebenso ist die materielle und finanzielle Lebenssituation türkischer Migranten im Vergleich zu Deutschen oft schlechter. Die sozialen Beziehungsnetzwerke türkischer Migranten können damit als tendenziell dicht und stabil beschrieben werden (inklusive der eben beschriebenen Problematiken) und zusätzlich ist die *Menge* an ökonomischem und kulturellem Kapital, welches

---

303   Vgl. Fernández-Kelly 1995.
304   Vgl. Portes 1998: 17.
305   Portes 1998: 17.
306   Vgl. Portes 1998: 18.

über sie mobilisiert werden kann, oft gering. Um die Probleme, die mit diesem Ressourcenaspekt des sozialen Kapitals türkischer Migranten verbunden sind, geht es in den folgenden zwei Abschnitten.

4.1.2 Der Ressourcenaspekt

Netzwerke bringen unterschiedliche *Formen* sozialen Kapitals hervor und prägen Ressourcenflüsse zwischen Akteuren: materielle Unterstützung, Hilfeleistung, emotionale Zuwendung. Sie bilden in diesem Sinne das „Flussbett" für die Bildung sozialen Kapitals. Bisher wurden zwei Charakteristika der sozialen Netzwerke türkischer Migranten herausgearbeitet: Sie sind erstens dem Typ „kohäsiv" zuzuordnen und produzieren daher „bonding social capital", welches zweitens oft „herkunftslandspezifisch" ist.

Was innerhalb dieser Netzwerke überhaupt an Unterstützungsleistungen erbracht werden kann soll nun im Folgenden beleuchtet werden. Denn der *Umfang* bzw. die *Menge* dieser Ressourcenflüsse hängen, um auf Bourdieu zurückzukommen, von der Kapitalausstattung der vernetzten Akteure ab. Wie beschrieben wurde, ist diese Kapitalausstattung das Ergebnis der Position eines Akteurs im sozialen Raum.[307] Was in einem Netzwerk an Kapital überhaupt potentiell getauscht und übertragen werden kann, ist also eine Frage der sozialstrukturellen Verortung der vernetzten Personen.

So wäre bspw. denkbar, dass sich ein kohäsives Netzwerk auch an einer sehr privilegierten Stelle des sozialen Raums befindet, z.B. als exklusiver oder elitärer Klub eines gehobenen Milieus. Hier scheint sich eine dichte, abgeschlossene Vernetzung sogar auszuzahlen, wenn die Mitglieder besonders gut mit ökonomischem, kulturellem und symbolischen Kapital ausgestattet sind. Bourdieu nannte „Gruppen, z.B. exklusive Clubs, [die] offen darauf ausgerichtet sind, Sozialkapital zu

---

307 Bourdieu 1985: 9.

konzentrieren und dadurch den Multiplikatoreffekt voll auszunützen, der sich aus dieser Konzentration ergibt"[308].

Wenn die Akteure eines dichten, abgeschlossenen Netzwerks jedoch über geringe Kapitalausstattungen verfügen, entfaltet „bonding social capital" sein benachteiligendes Potenzial. Sozial schwache Akteure vernetzen sich dann nur mit anderen sozial schwachen Akteuren. Wenn außerdem noch ethnische Homogenität hinzukommt (d.h. Netzwerke sozial *und* ethnisch homogen sind) können Beziehungen zur Aufnahmegesellschaft verloren gehen und die wenigen Ressourcen der Netzwerkkontakte zusätzlich entwertet werden, da ihnen in der Aufnahmegesellschaft nur ein geringer Wert zugesprochen wird (z.B. türkische Sprachkenntnisse). Hier deutet sich an, dass neben der Kombination „bonding"/herkunftslandspezifisch noch ein drittes Merkmal des sozialen Kapitals türkischer Migranten hinzutritt: Es ist in seiner Ressourcendimension deutlich eingeschränkt.

4.1.3 Die „Stärke schwacher Bindungen"

Besonders deutlich wird dies an der Ressource „Information". Zwar dürften „Informationen, die das Alltagsleben leiten, indem sie es strukturieren und Möglichkeiten aufzeigen, am gesellschaftlichen Leben teilzunehmen"[309] auch in kohäsiven Netzwerken zugänglich sein. Folgt man jedoch der These der „Stärke schwacher Bindungen" Granovetters[310] gelangt man mit „bonding social capital" seltener an neue Informationen, die von Akteuren außerhalb des eigenen Netzwerks stammen. Starke Bindungen können zwar in geschlossenen sozialen Strukturen Vorteile haben, z.B. wenn neu zu besetzende Stellen ohne öffentliche Ausschreibungen über betriebsinterne Kontakte vergeben werden[311] oder im Extremfall Freunde oder Familienangehörige

---

308 Ebd.: 64 f. Für Bourdieu ist z.B. der Golfklub ein idealtypisches Beispiel.
309 Gulas 2007: 75.
310 Vgl. Granovetter 1973; 1976.
311 Vgl. Koob 2007: 275.

bevorzugt werden. Gerade bzgl. der Stellensuche haben jedoch schwache Bindungen in locker geknüpften Netzwerken entscheidende Vorteile.

In seiner Studie „Getting A Job"[312] ging Granovetter der Frage nach, wie Personen auf Arbeitssuche an Informationen über neue Jobmöglichkeiten gelangen. Er fand heraus, dass diese Informationen in den seltensten Fällen über „strong ties" (z.b. Familienangehörige) erlangt wurden. Stattdessen erfuhr eine Mehrheit der Befragten über flüchtige oder entfernte Kontakte von neuen Stellen. Diese Personen gehörten in den wenigsten Fällen zum sozialen Nahumfeld, sondern waren überwiegend Arbeitskollegen oder Bekannte, die in den günstigsten Fällen auch aus anderen sozialen Milieus stammten. Die Wahrscheinlichkeit einen neuen Job zu finden, hing davon ab, wie viele dieser „schwachen" Kontakte der Befragte hatte.

Diese „Stärke schwacher Bindungen" ergibt sich nach Granovetter daraus, dass sie neue Informationen liefern. „Weak ties are more likely to link members of different small groups than are strong ones, which tend to be concentrated within particular groups".[313] Mit der Zahl möglichst verschiedenartiger, entfernter Bekannter steigen die Heterogenität der potentiellen Informationen und die Chance, neue Hinweise auf eine freie Stelle zu finden. Diese Chance ist in erster Linie nicht von der Hilfsbereitschaft naher Bezugspersonen abhängig (individuelles Merkmal), sondern von der Struktur des sozialen Netzwerks und der Position der betreffenden Person darin (relationales Merkmal).[314] Außerdem führen „weak ties" auch häufiger zu statushöheren Kontaktpersonen. „Starke Bindungen" (Freunde, Partner und Verwandte) hingegen verfügen tendenziell eher über die gleichen Informationen, da sie derselben sozialen Bezugsgruppe angehören. Später erweiterte Burt die These der Stärke schwacher Bindungen zu seiner „Theorie struktureller Löcher".[315] Er vermutet, dass soziales Kapital dann einen strategischen Vorteil darstellt, wenn Akteure zwischen zwei ansonsten unverbundenen Gruppen vermitteln können, also „structural holes" über-

---

312   Granovetter 1976.
313   Vgl. Granovetter 1973: 1376.
314   Vgl. Beckert 2005: 293.
315   Vgl. Burt 1992.

brücken. Sie können dann als „Makler" den Ressourcenfluss zwischen diesen Gruppen kontrollieren. Zwei Akteure verfügen über jeweils ein Netzwerk starker Bindungen (z.b. ein Freundschafts- oder Verwandtschaftsnetzwerk) und sind über eine schwache Bindung (z.b. Bekanntschaft) miteinander verbunden (eine sog. „bridge"). Nur über diese Bindung können Akteure in den beiden dichten Netzwerken neue Informationen erlangen.

Starke Bindungen können in den meisten Fällen *keine* überbrückende Funktion übernehmen. Dies begründet Granovetter folgendermaßen: eine Beziehung bildet dann eine „Brücke", wenn sie die einzige Verbindung zweier Knoten in einem Netzwerk ist.[316] Wie Abbildung 4 zeigt, führen die beiden starken Bindungen (von Akteur A zu den Akteuren B und C) dazu, dass sich tendenziell auch B und C vernetzen. Ansonsten läge eine „forbidden triad" vor. Treten nun B und C miteinander in Kontakt (in einer starken oder schwachen Bindung) ist die Verbindung A-B keine Brücke mehr, da zusätzlich die Verbindung A-C-B möglich ist. Akteur A befindet sich nun nicht mehr in der Situation ein „strukturelles Loch" zu überbrücken, da B und C auch ohne ihn Informationen austauschen können.

Daraus lässt sich schlussfolgern, dass eine starke Bindung in dem Moment als Brücke „zerfällt", wenn ein Akteur eine zusätzliche starke Bindung zu einer zweiten Person eingeht – was in dichten sozialen Netzwerken häufig der Fall ist. Dadurch sind starke Bindungen nur schlecht für die Bildung von „Brücken" geeignet. „It follows, then, that individuals with few weak ties will be deprived of information from distant parts of the social system and will be confined to the provincial news and views of their close friends".[317]

Deutlich wird dies auch am Beispiel türkischer Migranten in Deutschland, wie Janßen und Porat zeigen. Ihr soziales Kapital ist nur schlecht geeignet, eine Brücke nach außerhalb der ethnischen Gemeinschaft zu schlagen, da es sich vor allem aus „strong ties" speist.[318] Da Beziehungen oft familiär sind, ergibt sich die Problematik, dass die erste Generation der Zugewanderten (z.B. die Eltern) entweder selber kaum Kon-

---

316   Vgl. Granovetter 1973: 1364.
317   Granovetter 1983: 202.
318   Vgl. Janßen/Porat 2006: 14.

takte zum Arbeitsmarkt besitzt oder zu Branchen des unteren Arbeitsmarktsegments, in dem sie selber beschäftigt war, z.b. der Industriearbeit.[319] In diesen Branchen überwiegen aber im Gegensatz zu früher oft prekäre Beschäftigungsverhältnisse. Die meisten sozialen Beziehungen türkischer Migranten sind eher geeignet, Informationen über freie Stellen innerhalb der *eigenen* Gemeinschaft zu liefern, z.b. in kleinen Familienbetrieben und Geschäften. Über soziale Beziehungen, die „strukturelle Löcher" überbrücken können (d.h. zwei ansonsten unverbundene Netzwerke verbinden) oder gar zu sog. „gatekeepern"[320] (Personen, die z.b. über die Vergabe von Arbeit entscheiden) verfügen Migranten der ersten Generation kaum.[321] Damit stehen sie auch den Angehörigen der „zweiten Generation" nicht als soziales Kapital zu Verfügung. Eigenethnisches Heiratsverhalten verstärkt die Problematik zusätzlich.

Als ein Ergebnis ihrer Studie stellen Janßen und Porat fest: „Migranten, die sich in sozial heterogenen Netzwerken bewegten, waren häufiger in der Lage, über direkte oder indirekte Beziehungen Kontakte zu Gatekeepern aufzunehmen, die bei der Arbeitssuche entscheidend waren. Sie waren auf dem Arbeitsmarkt letztendlich erfolgreicher als diejenigen mit sozial homogenen Netzwerken."[322] Für *ethnisch* heterogene Netzwerke gelte dies jedoch nicht unbedingt, da diese trotzdem *sozial* homogen sein können (d.h. bzgl. des sozio-ökonomischen Status der Beziehungspartner). Ethnische Heterogenität ist also alleine kein Garant für eine Erhöhung des sozialen Kapitals von türkischen Migranten. Vielmehr erweisen sich milieu- und schichtübergreifende soziale Kontakte als besonders nützlich. Die Autorinnen verweisen in diesem Zusammenhang auf das Ergebnis, dass türkische Migranten in sozial durchmischten Wohnquartieren über ein höheres soziales Kapital verfügten, von dem sie in Form von „weak ties" bei der Arbeits- oder Wohnungssuche profitieren konnten.[323]

Selbst bei gleichem Bildungsstand und gleicher Motivation eine neue Stelle zu finden, so ließe sich schlussfolgern, wären türkische Migran-

---

319   Ebd.
320   Vgl. Hollstein 2007.
321   Vgl. Janßen/Porat 2006: 14.
322   Ebd.: 15.
323   Vgl. ebd.: 16.

ten mit „bonding social capital" benachteiligt. Der Blick auf soziale *Relationen* und nicht individuelle Merkmale ermöglicht hier also die Analyse sozialer Ungleichheitsphänomene, die sich aus dem Besitz einer bestimmten Form sozialen Kapitals ergeben. Ebenso wird deutlich, dass erst die Berücksichtigung der dritten von Bourdieu beschriebenen Kapitalart (neben kulturellem und ökonomischem Kapital) das Bild vervollständigt.

Langfristig kann durch die unfreiwillige Konzentration der beruflichen Tätigkeit in der eigenen migrantischen Ökonomie eine ethnische „Mobilitätsfalle" entstehen, die sozialen Aufstieg in der Aufnahmegesellschaft erschwert und (oft unbeabsichtigt) ethnische Segmentation befördert.[324] Soziale Kontakte zu Deutschen können dadurch weiter erschwert werden oder erscheinen aus der Eigenperspektive als weniger notwendig, wenn Jobmöglichkeiten auch in der eigenen ethnischen Gemeinschaft bestehen. Je prekärer dann die Ausstattung neu angekommener Migranten mit ökonomischem und kulturellem Kapital ist, desto entscheidender wird die Einbettung in dichte Netzwerke der eigenen Gemeinschaft um diese Nachteile auszugleichen. Das soziale Kapital wird also zur Kompensation ansonsten ungünstiger Kapitalausstattung herangezogen, jedoch langfristig mit der Folge zunehmender Abschließung ethnischer Netzwerke.

Dass Migranten auch bezüglich anderer Kapitalarten als dem sozialen schlecht ausgestattet sind, sollen nur folgende Daten verdeutlichen: Sowohl in der Arbeitsmarktposition wie in der beruflichen Stellung als Arbeiter oder Angestellter nehmen Ausländer im Vergleich zu den Deutschen niedrigere Positionen ein. Das ist besonders für Türken der Fall, aber z.B. auch für italienische Migranten.[325] Insgesamt sind ihre Arbeitseinkommen deutlich niedriger als von deutschen Erwerbstätigen. Türkische Migranten sind im Vergleich zu anderen Migrantengruppen zudem am stärksten von Arbeitslosigkeit betroffen.[326] Auch bezüglich ihrer Bildungsabschlüsse sind türkische Migranten benach-

---

324   Vgl. Haug 2007; der Begriff „Mobilitätsfalle" bedeutet, dass innerhalb einer ethnischen Gemeinschaft sozialer Aufstieg möglich ist, der allerdings zu sozialen Positionen führt, die tendenziell immer niedriger sind als diejenigen der Aufnahmegesellschaft (vgl. Wiley 1970).

325   Vgl. ebd.: 48; Datenbasis: Mikrozensus 1996.

326   Vgl. Bremer/Gestring 2004: 269.

teilgt. So besaßen im Jahre 1996 17,9% der türkischen Ausländer keinen Bildungsabschluss (im Vergleich zu 0,7% der Deutschen). Einen Hauptschulabschluss, jedoch keinen beruflichen Abschluss besaßen 38,2% im Gegensatz zu 8,6% der Deutschen. Einen Fachhochschul- oder Hochschulabschluss hatten lediglich 2% der Türken aber 11,8% der Deutschen.[327]

Besonders alarmierend sind die Verteilungen aktueller Jahrgänge von Schülern auf die drei Schulformen des deutschen Bildungssystems. Während ein Drittel der deutschen Kinder nach der Grundschule auf die Hauptschule wechselt, sind es bei türkischen Kindern 75%. Nur 8,6% kommen auf das Gymnasium, im Vergleich zu 34% der deutschen Kinder.[328] Die Diskrepanz zwischen der Bildungsaspiration und den tatsächlich erreichten Bildungsabschlüssen bei türkischen Jugendlichen ist frappierend: So gaben in einer von Heitmeyer et al. durchgeführten Befragung 34,8% an, dass sie das Abitur erlangen möchten.[329] 26,7% strebten einen akademischen Abschluss an einer Universität an. Hohen Erwartungen stehen offenbar geringe Chancen zur Realisierung gegenüber. Auch fehlen Kenntnisse der deutschen Sprache. Vor allem in den Fällen, in denen die Ehefrau aus der Türkei nachgekommen ist, wachsen Kinder eher mit der türkischen Sprache auf. Türkische Mütter mit erst kurzer Aufenthaltsdauer haben außerdem häufig geringe Kenntnisse vom deutschen Schul- und Berufssystem.[330] Bezüglich ihrer Ausstattung mit ökonomischem und kulturellem Kapital in Form von Bildungstiteln zeigen sich bei Migranten also sehr schnell „massive Unterschiede zur einheimischen Bevölkerung".[331] Die Zahlen machen leicht nachvollziehbar, dass häufig das soziale Kapital der eigenen Gemeinschaft aktiviert werden muss, will man seine Lebensqualität und beruflichen Chancen verbessern.

---

327 Vgl. Esser 2001: 49; Datenbasis: Mikrozensus 1996.
328 Vgl. Kristen 2000.
329 Vgl. Heitmeyer et al. 1997: 49 f.
330 Vgl. Janßen/Polat 2006: 14.
331 Vgl. Esser 2001: 52.

4.2 Fazit

Kohäsive Netzwerke haben zwar den Vorteil, dass sie vertrauensvolle Beziehungen und „bounded solidarity" begünstigen und damit ein wichtiges Unterstützungspotenzial bereitstellen. Allerdings führen die materiellen und Bildungsbenachteiligungen türkischer Migranten dazu, dass die „instrumental returns" sozialer Kontakte (finanzielle und materielle Hilfe, Informationen über Lebenschancen in Deutschland) vergleichsweise gering bleiben. Es werden schnell Grenzen erreicht, wenn „bonding social capital" außerhalb des sozialen Nahumfelds eingesetzt werden soll und zudem eng an das Kriterium ethnischer Zugehörigkeit gekoppelt ist. Aufgrund fehlender „schwacher Bindungen" zu Angehörigen der Aufnahmegesellschaft können türkische Migranten ihre sozialen Netzwerke nur eingeschränkt für Informationen über Arbeitsplätze in Deutschland nutzen. Zusätzlich dazu können im Netzwerk hohe Ansprüche an Gruppenmitglieder oder nach unten nivellierende Normen vorherrschen und den Kontakt zu Angehörigen der Aufnahmegesellschaft erschweren. Schwierige Lebenssituationen oder auch Diskriminierungserfahrungen können dazu führen, dass Migranten auf ihre familiären Netzwerke zurückgreifen *müssen* bzw. von Unterstützung ihrer eigenen ethnischen Gemeinschaft abhängig werden.

Auf die Intergrationsproblematik umgemünzt könnte man zugespitzt sagen: So wichtig emotional stabile und enge Familienbeziehungen für Lebenszufriedenheit und subjektives Wohlbefinden sein mögen – sie bringen einem Migranten im Feld der Bildung oder auf dem Arbeitsmarkt keine Vorteile und können nicht als „instrumental returns" nach Lin oder als Kapital im Bourdieuschen Sinne in der Aufnahmegesellschaft genutzt werden. In Bezug auf türkische Migranten ist soziales Kapital also eindeutig als Faktor sozialer Ungleichheit zu betrachten, da es systematisch über „Zwänge und Erfolgschancen" bestimmt. Um die genauere Einordnung der Befunde in die Theorie Bourdieus geht es im folgenden Kapitel.

4.3   Rückkehr zu Bourdieu: Soziales Kapital als Faktor sozialer Ungleichheit

Konzipiert man soziales Kapital in einer zur Netzwerkforschung erweiterten Begriffsfassung in Kombination mit Bourdieu, sind Fragen nach seiner gesellschaftlichen Verteilung möglich, d.h. Fragen nach seiner Verteilung über Klassen, Schichten und Milieus im sozialen Raum. Das Konzept des sozialen Kapitals hat jedoch in die Analyse sozialer Ungleichheit bisher nur zögerlich Eingang gefunden.[332] Die Arbeiten Bourdieus können hier einen fruchtbaren Beitrag leisten: Nicht nur ökonomisches oder kulturelles, sondern ebenso soziales Kapital entscheidet ganz wesentlich über Lebenschancen und soziale Positionierung, denn bestimmte Güter sind nur (oder besser) über „Beziehungs- und Verpflichtungskapital"[333] zu erwerben – auch und gerade für Migranten. Sozialkapital wirkt wie alle anderen Kapitalarten selektiv, indem es seinen Besitzer bevorzugt oder benachteiligt und kann – wie gezeigt – zwischen gesellschaftlichen Gruppierungen in unterschiedlichen Formen verteilt sein. Diese verschiedenen Formen sozialen Kapitals sind nun aus dem Blickwinkel der Bourdieuschen Theorie besonders unter dem Aspekt ihrer Umwandlungsfähigkeit in andere Kapitalarten interessant. Wie von Bourdieu beschrieben, lassen sich Kapitalarten ineinander konvertieren,[334] wobei soziales Kapital erstens als Produkt der anderen Kapitalarten gesehen werden kann und zweitens wieder in die anderen Kapitalarten umgeformt wird. Was bedeutet dies für türkische Migranten?

Im ersten Umwandlungsprozess wird ökonomisches, kulturelles und symbolisches Kapital durch „Beziehungsarbeit" in soziales Kapital transformiert. Soziales Kapital wird hier als abhängige Variable betrachtet. Wie bereits beschrieben, haben Akteure hier aufgrund ungleicher Kapitalausstattung auch unterschiedliche Chancen. Bei türkischen Migranten dürfte vor allem das kulturelle Kapital (z.B. als Bildung, Sprachkenntnisse oder Habitus) in der deutschen Aufnahmegesellschaft schlechter in soziales Kapital transformiert werden können als

---

332   Vgl. Jungbauer-Gans 2006: 35.

333   Bourdieu 1992a: 70.

334   Vgl. Bourdieu 1982: 209 f.; Bourdieu 1992a.

im Herkunftsland. Beim Kontaktaufbau zu Deutschen dürften mangelnde deutsche Sprachkenntnisse die größte Hürde sein. Auch das symbolische Kapital (das „Image" türkischer Migranten) kann dies erschweren. Bourdieu schreibt dazu: „Eine der Ausprägungen des symbolischen Kapitals in differenzierten Gesellschaften (.) ist die ethnische Identität, ein *percipi*, ein Wahrgenommenwerden in Gestalt des Namens oder der Hautfarbe, welches als positives oder negatives symbolisches Kapital fungiert."[335] Gerade weil die Bildung sozialen Kapitals nur *zwischen* Akteuren möglich ist, unterliegt diese Kapitalart in besonderem Maße sozialen Distanzen und Diskriminierungen gegenüber Angehörigen ethnischer Minderheiten, die als „negatives symbolisches Kapital" das Knüpfen sozialer Beziehungen zu Deutschen erschweren können. Wie oben beschrieben, sind soziale Distanzen und Vorurteile gegenüber türkischen Migranten in Deutschland vergleichsweise hoch.

Neben den ungleichen Möglichkeiten, die eigenen Kapitalarten in Beziehungsarbeit einzusetzen um soziales Kapital mit Deutschen zu bilden, ist bereits die Chance, überhaupt Deutsche kennenzulernen eine Frage der Position von Migranten im sozialen Raum. Dieser stellt eine Art status quo von Verteilungskämpfen um Kapitalien dar und spiegelt die Positionen von Individuen und Gruppen wider, die sich aus ihrem Gesamtkapital und dessen Zusammensetzung ergeben. Der soziale Raum ist nach den Wertigkeiten der Kapitalarten hierarchisch angeordnet: „[V]om höchsten Umfang des Gesamtkapitals zum geringsten auf der einen, von der dominanten Kapitalsorte zur dominierten auf der anderen Seite."[336] Akteure, deren Positionen im sozialen Raum nahe beieinander liegen, ähneln sich bezüglich ihrer Kapitalausstattung sowie ihrem Geschmack, Lebensstil und Habitus und können „sich für Allianzen aller Art wie von selbst anbieten."[337] „Menschen, die einem verhältnismäßig kleinen Sektor des Raums angehören, stehen einander zugleich näher (nämlich durch ihre Merkmale und ihre Dispositionen, ihren Geschmack) und sind eher geneigt, sich einander zu nähern; lassen sich einander auch eher näherbringen, mobilisieren."[338] Akteure,

---

335 Bourdieu 1998: 175.
336 Bourdieu 1982: 219 f.
337 Schultheis 2007: 37.
338 Bourdieu 1998: 24.

die an weit entfernten Orten im sozialen Raum stehen, weisen dementsprechend weniger Gemeinsamkeiten bezüglich ihres Lebensstils und -praxis auf und müssen in der Bourdieuschen Lesart größere Distanzen zur Kontaktaufnahme überwinden.

Soziale und kulturelle Unterschiede können sich auch in räumlichen Distanzen spiegeln und die soziale Zusammensetzung (also Homogenität/Heterogenität von Akteuren) in Stadtvierteln, Wohngegenden, Schulen oder anderen Orten sozialer Praxis (Theater, Museen) prägen.[339] Räumliche Segregation zwischen türkischen Migranten und Deutschen kann damit als ein Spiegelbild ihrer Positionen im sozialen Raum gesehen werden – und wirkt sich in der Alltagspraxis dahingehend aus, dass die Chancen interethnischer Kontaktaufnahme (und damit die Entstehung „aufnahmelandspezifischen Sozialkapitals") oft von vornherein erschwert sind.

Die Möglichkeiten der Begegnung und damit die Möglichkeiten durch Beziehungen soziales Kapital zu bilden, sind damit zwischen den ethnischen Gruppen in Deutschland ungleich verteilt. Soziale Netzwerke entstehen nicht in einem vor-sozialem Raum, sondern sind – über die Ungleichverteilung von Chancen und Restriktionen der Kontaktaufnahme – durch sozialstrukturelle Faktoren einer Gesellschaft bedingt. So wie die Theorie Bourdieus mit der sozialen Netzwerkanalyse entscheidend ergänzt werden kann[340], müssen Netzwerkmuster andererseits als Ergebnisse sozialer Praxis gesehen werden, denen tiefere Strukturen zugrunde liegen[341] – sozialer Raum, soziale Felder und habituelle Dispositionen der Akteure. Methoden der Netzwerkanalyse erheben nur tatsächlich realisierte Beziehungen und können soziale Mikrostrukturen sichtbar machen, jedoch nicht den umfassenderen „Raum objektiver Relationen".[342] Die heutige soziale Netzwerktheorie gerät schnell in einen „Erklärungsnotstand, wenn danach gefragt wird,

---

339 Vgl. Schultheis 2007: 37.
340 Zu Versuchen einer (Teil-)Integration beider Ansätze siehe Bernhard 2008; Gulas 2007 ; Hennig 2008.
341 Vgl. Hennig 2008: 305.
342 Bourdieu/Wacquant 1996: 97.

wie sich existierende Netzwerke überhaupt herausgebildet haben[343] oder warum gerade „*nicht* jeder mit jedem in Kontakt treten kann."[344]

Bourdieu beschreibt nun weiter, wie soziales Kapital seinerseits wieder umgewandelt werden kann – nachdem es durch den Einsatz von Beziehungsarbeit, Zeit, Vermögen oder Reputation gebildet wurde. Es übt einen „Multiplikatoreffekt"[345] auf den Kapitalbesitz eines Akteurs aus. Damit ist die zweite Richtung des Transformationsprozesses angesprochen: Soziales Kapital wird (wieder) in ökonomisches, kulturelles oder symbolisches zurückverwandelt. Durch Beziehungsnetze (wenn sie denn erfolgreich geknüpft wurden) stehen dem Akteur neben seinen eigenen Ressourcen nun auch die Kapitalien anderer Akteure zur Verfügung, auf die durch Verpflichtungen und „Gefälligkeiten" zurückgegriffen werden kann. Durch soziales Kapital „erhöht sich das Volumen des individuell von einem Individuum gehaltenen Kapitals um ein durch Vollmacht besessenes Kapital, das vom Volumen des gehaltenen Kapitals jedes einzelnen Mitglieds der Gruppen und dem Grad der Zusammengehörigkeit dieser Gruppen, Familie, Corps etc. abhängt, denen er angehört."[346]

Auch diese „Rückverwandlung" sozialen Kapitals in neues Vermögen, neue Informationen, neue Kontakte und neue Reputation unterliegt ungleichen Chancen, denn sie wird von „variablen Umtauschraten"[347] bestimmt, die sich aus dem Kräfteverhältnis zwischen den Kapitalarten ergeben. Diese Umtauschraten sind Gegenstand sozialer Auseinandersetzungen, da sie über Auf- und Abwertungen der Kapitalarten entscheiden. Wer erfolgreich Beziehungsnetzwerke im Feld der Politik knüpfen konnte, hat ein Interesse daran, dass soziales Kapital auf diesem Feld hoch im Kurs steht, da seine Rückverwandlung sonst gefährdet wäre. Jene außerhalb der politischen „Klüngelei" können oft nur auf einen guten Bildungsabschluss oder hinter den Kulissen auf ihr Vermögen setzen – und eine Aufwertung dieser Kapitalarten anstreben. Für all diese Anstrengungen und Strategien hat Bourdieu ein eige-

---

343   Vgl. Hennig 2008: 305.
344   Holzer 2006: 109; Hervorhebung im Original.
345   Bourdieu 1992a: 64.
346   Bourdieu 2004: 355.
347   Bourdieu 1982: 209.

nes Kampffeld ausgemacht: Das „Feld der Macht"[348], auf dem über den „Wechselkurs" von Kapitalarten entschieden wird – unter anderem darüber, wann soziales Kapital den feinen Unterschied macht und Beziehungen als „Beziehungen" gelten, die Türen zu bestimmten Positionen öffnen können.

Wo bleiben türkische Migranten in diesem Kräftemessen? In der Bourdieuschen Lesart entpuppt sich ihr soziales Kapital als schlecht geeignet, soll es als „Türöffner" außerhalb des eigenen Milieus eingesetzt werden. Als „Machtmittel und Einsatz im Spiel"[349] sozialer Felder dürfte es nur schwache Wertigkeit besitzen, denn es besteht vor allem aus Nahkontakten, familiären und nachbarschaftlichen Beziehungen. Zwar mögen diese in der migrantischen Nischenwirtschaft, in türkischen Vereinen, Stadtteilstrukturen oder sonstigen „Miniaturfeldern" durchaus wertvoll sein. Auf den großen gesellschaftlichen Feldern erweist es sich jedoch als deutlicher Faktor sozialer Benachteiligung – zusätzlich zu Einkommen und Bildung.

Welche Konsequenzen hat dies nun für die Integration türkischer Migranten in die deutsche Gesellschaft? Kann ein Blick auf ihr soziales Kapital Integrationsproblematiken erklären?

---

348   Vgl. Bourdieu 1998: 51.
349   Bourdieu 1985: 10.

5   Die Integrationsleistung sozialen Kapitals

Die Ausgangsfragestellung war, ob die Netzwerke türkischer Migranten und das dort entstehende soziale Kapital eher zu sozialer Integration oder zu sozialer Schließung beitragen. Als Indikator für soziale Integration gelten üblicherweise Kontakte zu Angehörigen des Aufnahmelandes[350], während „das Fehlen interethnischer Kontakte bei gleichzeitigen Kontakten zu Angehörigen der Herkunftsgesellschaft als ‚ethnische Segmentation' oder als ‚ethnische Selbstabgrenzung' betrachtet werden kann."[351] Die These der „Binnenintegration" geht jedoch davon aus, dass gerade eine Vernetzung von Zugewanderten untereinander positive Auswirkungen auf ihre Integration in die Aufnahmegesellschaft hat. Eine feste Integration in die eigene ethnische Gruppe stärke die kulturelle Identität und das Selbstbewusstsein von Migranten und führe dadurch zu erhöhter Handlungsfähigkeit. In den eigenethnischen Netzwerken werde wichtiges Alltagswissen über die aufnehmende Gesellschaft weitergegeben und durch die Bildung von „pressure groups" könnten Migranten aktiv ihre Interessen vertreten.[352] Auch die Einbettung in intakte Familiennetzwerke könne integrationsfördernde Wirkungen haben.[353] Für welche Behauptung gilt nun: „Integration durch Vernetzung"?

Bezüglich der These von der Binnenintegration lautet die hier vorgeschlagene Antwort, dass die Vorteilhaftigkeit einer binnen-ethnischen Vernetzung nach der Form sozialen Kapitals beurteilt werden muss, die in ihr gebildet wird. Im Anschluss an die bisherige Argumentation erscheint eine binnen-ethnische Vernetzung unter folgenden Bedingungen problematisch:

1.) das Netzwerk einer ethnischen Gemeinschaft tendiert zum Typus des „kohäsiven" Netzwerks (Beziehungsaspekt sozialen Kapitals).

---

350   Vgl. Haug/Pointner 2007: 384; Esser 2001: 21; Nauck 2002: 319.

351   Haug/Pointner 2007: 385; Esser 2001: 20.

352   Vgl. Elwert 1982: 720 f. Bereits in der "Chicagoer Schule" der Soziologie wurden Einwandererquartiere als wichtige Übergangszonen gesehen, in denen sich Migranten auf die Gesellschaft des Ziellandes ihrer Migration einstellen können; vgl. Gestring et al. 2006: 14; Park 1928.

353   Vgl. Zhou/Bankston 1994; Nauck 1986: 98 f.

2.) die vernetzten Akteure besitzen wenig ökonomisches und kulturelles Kapital und befinden sich an sozialstrukturell benachteiligten Positionen (Ressourcenaspekt sozialen Kapitals).

3.) die vernetzten Akteure haben ausschließlich eigen-ethnische Netzwerke, so dass sie nur „herkunftslandspezifisches" Sozialkapital bilden können und zusätzliche Beziehungen zur Aufnahmegesellschaft fehlen.

Die Eingebundenheit türkischer Migranten in kohäsive Familien- und Verwandtschaftsstrukturen, ihre strukturelle Benachteiligung in den Bereichen Bildung und Arbeitsmarkt und ihre tendenziell ethnisch homogenen Netzwerke bringen dieser Argumentation folgend eine Form sozialen Kapitals hervor, die eher als eine Eingliederungsbarriere angesehen werden muss. Sozialkapital in der Kombination von „bonding social capital"/sozialer Benachteiligung/ethnischer Homogenität kann eindeutig als ein Faktor sozialer Schließung ethnischer Gemeinschaften angesehen werden – neben anderen Faktoren wie Diskriminierungen seitens der Aufnahmegesellschaft oder möglicherweise bewusster Selbstabgrenzung von Migranten.

Liegt eine derartige Dreifachbenachteiligung bezüglich sozialen Kapitals vor, muss die These der Binnenintegration also stark hinterfragt werden. So richtig der bereits in der Chicagoer Schule von Robert E. Park formulierte Gedanke ist, dass Einwandererquartiere wichtige Übergangszonen sind, in denen Migranten sich orientieren und langsam auf die Aufnahmegesellschaft einstellen können[354], so problematisch wird es, wenn soziale Beziehungen dauerhaft nur innerhalb der eigenen Ethnie geknüpft werden. Und so zentral auch soziales Kapital in Form von emotionaler Unterstützung im Alltag sein mag, es kann die Knappheit „harter" Ressourcen, wie ökonomisches und kulturelles Kapital nicht kompensieren.

Teilhabechancen an dem ökonomischen, kulturellen und symbolischen Kapital der Aufnahmegesellschaft sind nur gegeben, wenn „schichtübergreifende, transethnische und translokale Brücken"[355] gebildet werden – vor allem in Form von „weak ties", die „bridging social capi-

---

354 Vgl. Gestring et al. 2006: 14; Park 1928.
355 Vgl. Schnur 2008: 141.

tal" liefern können. Aus Sicht eines auf Bourdieu fundierten Sozialkapitalbegriffs, der den Zugang zu feldrelevanten Ressourcen betont, muss
also der These von den interethnischen Kontakten als Indikator für
erfolgreiche Integration zugestimmt werden.

Da sich die beiden beschriebenen Netzwerktypen, die jeweils
„bonding-" und „bridging social capital" hervorbringen, gegenseitig
nicht ausschließen, muss damit nicht einer vollständigen Assimilation
türkischer Migranten in die deutsche Gesellschaft das Wort geredet
werden. Vielmehr wären locker geknüpfte sowie ethnisch und sozial
möglichst heterogene Netzwerke für türkische Migranten von Vorteil,
um „aufnahmelandspezifisches Sozialkapital" bilden zu können – dies
wäre bei einer Aufrechterhaltung der eigenen kulturellen Traditionen
möglich. „Bonding social capital" kann auch gerade unmittelbar nach
der Migration im Zielland sehr hilfreich sein.[356] Wenn Prozesse der
Segmentation jedoch nicht nur vorübergehend sind, sondern sich verfestigen, da zusätzlich kein „bridging social capital" gebildet wird,
werden weitere Phasen der Integration hinausgezögert und die Teilhabe von Migranten an der Aufnahmegesellschaft erschwert. Beide Formen sozialen Kapitals, so kann vermutet werden, bieten Vorteile in
jeweils bestimmten Zeitabschnitten: „bonding social capital" als Form
sozialer Unterstützung in der Anfangsphase, „bridging social capital"
bei dauerhaftem Aufenthalt im Zielland. Vor diesem Hintergrund
scheinen die eigentlichen Herausforderungen für die Integration von
Zugewanderten weniger in den oft beschworenen kulturellen Differenzen zu liegen, sondern in dem Fehlen interethnischer Kontakte, deren
Herstellung angesichts der hier diskutierten Ergebnisse dringend er-
forderlich scheint.

Am Beispiel der Integrationsthematik wird außerdem deutlich, dass
soziales Kapital nicht nur als Produkt sozialer Beziehungsstrukturen
untersucht werden kann, sondern seinerseits wieder Auswirkungen
auf soziale Strukturen hat. Tendenziell scheinen sich jene Netzwerkmuster zu verfestigen, in denen sich soziales Kapital am meisten „auszahlt". Wenn das soziale Kapital türkischer Migranten in ihrer eigenen
Gemeinschaft besonders gut in andere Kapitalarten sowie soziale und
emotionale Unterstützung umgewandelt werden kann, entstehen da-

---

356   Vgl. Schnur 2008: 141

durch Anreize zu einer verstärkten Hinwendung zur Herkunftsgruppe auch in der Zukunft. Nach Esser stellt die eigene ethnische Gemeinschaft für Migranten eine Alternative dar, mit der Optionen der Aufnahmegesellschaft verglichen werden.[357] Wenn in der eigenen ethnischen Gemeinschaft Aufstiegsmöglichkeiten geboten werden, z.b. in ethnischen Ökonomien, Vereinen oder religiösen Organisationen, kann ihre Attraktivität im Vergleich zur Aufnahmegesellschaft steigen und sich ein Kreislauf aus eigen-ethnischer Vernetzung, Entstehung von „bonding social capital" und sozialen Schließungsprozessen bilden. Im Extremfall funktioniert dann die eigene „ethnic community" als eine Art Schutzraum gegen gesamtgesellschaftliche Abwertungen migrantischen Kapitals, so dass dessen Einsatz nur noch innerhalb der eigen-ethnischen Netzwerke sinnvoll ist – will man sich nicht komplett aus dem „Spiel" nehmen.

Dies hat Folgen für die soziale Integration von Migranten, denn Kontakte zu Angehörigen außerhalb der eigenen Ethnie können abnehmen und soziale Integration dadurch weiter erschwert werden.[358] Nicht nur fehlendes Sozialkapital kann also problematisch sein (z.B. im Falle sozialer Isolation oder bröckelnder Netzwerke), sondern auch, wie Putnam schrieb, „inward looking" Sozialkapital, d.h. jenes, das innerhalb des sozialen Nahumfeldes gebildet wird und dort auch wieder vorteilhaft eingesetzt werden kann – allerdings im ungünstigsten Fall *nur* dort.

Die Fragestellung dieser Arbeit konzentrierte sich auf einen bestimmten Aspekt von Integration: der sozialen Einbettung von Zugewanderten in Beziehungsnetzwerke. Fragen nach den Möglichkeiten der Teilhabe in anderen Bereichen, z.B. dem Bildungssystem konnten in diesem Rahmen nicht behandelt werden.[359] Auch die Diskriminierung von Migranten seitens der Aufnahmegesellschaft muss als Faktor berücksichtigt werden, der soziale Integration erschweren kann.[360] Stattdessen

---

357 Vgl. Esser 2001: 25 f.

358 Vgl. Haug/Pointner 2007: 384; Esser 2001; Heitmeyer 1998.

359 Für einen Überblick über verschiedene Dimensionen sozialer Integration vgl. Esser 2001; zu Vereinsstrukturen von Migranten und dem dort gebildeten Sozialkapital vgl. Klein et al. 2004.

360 Vgl. z.B. Wimmer 2008; Neckel/Sutterlüty 2005.

wurde hier der Fokus auf die Beschreibung sozialer Netzwerke und sozialen Kapitals gelegt. Dass türkische Migranten häufig über eine ganz bestimmte Form sozialen Kapitals verfügen, erweist sich als ernst zu nehmender Faktor sozialer bzw. ethnischer Ungleichheit, der Eingliederungsprozesse erschweren kann. Die Zusammenführung von Sozialkapitaltheorie und Netzwerkanalyse erweist sich für die Thematik insofern als fruchtbar, als die Einbettung in soziale Netzwerke ganz zentral die Zugangschancen zu Ressourcen prägt und oft den entscheidenden Unterschied bei ansonsten gleichem kulturellem oder ökonomischem Kapital verursachen kann. Soziales Kapital ermöglicht die soziale Partizipation von Zugewanderten an den Lebenschancen des Ziellandes, indem über soziale Kontakte zu Angehörigen der Aufnahmegesellschaft Güter zugänglich werden, die durch Bildung und Einkommen alleine nicht erworben werden können.

6 Ausblick

Die in dieser Arbeit getroffene Unterscheidung in zwei verschiedene Netzwerktypen und Formen sozialen Kapitals bietet verschiedene Anknüpfungspunkte für eine Weiterführung im Rahmen der Theorie Pierre Bourdieus.

Eine Übertragung der Thematik auf unterschiedliche Bevölkerungsgruppen könnte aufzeigen, wie die Einbettung in soziale Netzwerke und die daraus resultierenden Praxischancen gesellschaftlich ungleich verteilt sind – und damit dem Sozialkapitalbegriff eine verstärkt ungleichheitstheoretische Lesart geben. Ist die Chance auf vorteilhafte „weak ties" eine Frage der sozialen Herkunft? Ist „bridging social capital" mit einem guten Bildungsabschluss leichter erreichbar? Oder sind es vielmehr die starken Bindungen, die in manchen Bereichen der Gesellschaft von Vorteil sind – wie es der Begriff der „Vetternwirtschaft" treffend auf den Punkt bringt? Auch wenn sich das Sozialkapitalkonzept Pierre Bourdieus hier als besonders vielversprechend zeigt, muss sein Stellenwert innerhalb seiner Theorie noch weiter systematisch bestimmt werden. Da sich nach Bourdieu die Position eines Akteurs oder ganzer Akteursgruppen im sozialen Raum aus der Wertigkeit ihrer gehaltenen Kapitalarten ergibt, wäre zum Beispiel die Frage zu klären, auf welchen Feldern der Gesellschaft das soziale Kapital ganz besonders über Handlungs- und Einflusschancen entscheidet und in diesem Sinne eine besonders hohe Wertigkeit besitzt – und ob dann jeweils „bonding" oder „bridging social capital" hoch im Kurs steht.

Die von Bourdieu gelegte Spur in Richtung der sog. „neuen" Berufe scheint sich angesichts einer Fülle an Ratgeber- und Managementliteratur zum Thema „Networking", die sich an das Publikum der Selbstständigen und Freiberufler richtet, als vielversprechend zu erweisen. Dort scheint besonders das „bridging social capital" informeller, lockerer Beziehungsnetze die Positionierung in einem Feld zu begünstigen. Andererseits scheint es Bereiche des politischen oder ökonomischen Feldes zu geben, in denen gerade die Kontakte aus dem (familiären) Nahumfeld entscheidende Vorteile verschaffen und als „inward looking social capital" wirksam werden. Eine Auffächerung in unterschiedliche Formen sozialen Kapitals kann in dieser Herangehensweise für die Bourdieusche Feldtheorie fruchtbar gemacht werden.

Spätestens jedoch wenn es um die Frage geht, wie soziales Kapital genau über Erfolgschancen sozialer Praxis entscheidet, kann die Bourdieusche Theorie die selbst aufgeworfenen Fragen nicht mehr vollständig beantworten. Soziales Kapital wird intersubjektiv gebildet – doch weist Bourdieu eine genauere Beschäftigung mit sozialen Beziehungsstrukturen zurück, da manifeste Interaktionsbeziehungen nur das Ergebnis umfassenderer Sozialstrukturen seien.[361] Hingegen ist mit der sozialen Netzwerkanalyse die Erfassung sozialer Mikrostrukturen möglich – so wie Bourdieus Theorie andererseits zeigen kann, mit welchen Chancen sich Akteure überhaupt vernetzen können. Für eine stärkere Verschränkung beider Ansätze wäre jedoch mindestens ein Vergleich des jeweiligen Verständnisses von „Akteur" und „Struktur" nötig.

Wendet man die Bourdieusche Kapitaltheorie systematisch auf sein Sozialkapitalkonzept an, ergibt sich eine weitere Frage: Welche Gründe gibt es für die ungleichen Zugangsmöglichkeiten zu sozialem Kapital zwischen gesellschaftlichen Gruppierungen? Während Bourdieu im Bildungssystem die Ursache für die ungleiche Verteilung von Bildungskapital auszumachen meinte[362], lässt sich für das soziale Kapital keine „Großinstitution" finden, welche für die Produktion und Verteilung sozialer Kontaktchancen zuständig wäre. Vielmehr erscheint soziales Kapital auf den ersten Blick als (oft nicht-intendiertes) Nebenprodukt alltäglicher sozialer Beziehungen anzufallen.[363] Doch für Bourdieu hängt die Wirksamkeit einer Kapitalart von seiner Seltenheit ab, d.h. dass es auf bestimmten Feldern (dort, wo es auf Kontakte besonders „ankommt") nicht für alle Akteure gleichermaßen gut erreichbar sein kann.[364] Dementsprechend lenkt er in seinen insgesamt skizzenhaft gebliebenen „notes provisoires" zum sozialen Kapital den Blick auf Organisationen, die soziales Kapital monopolisieren um andere von dessen Benutzung auszuschließen. „Exklusive Klubs und Vereine" stellen soziales Kapital für Mitglieder bereit – Nicht-Mitglieder bleiben außen vor. Auch die Familie konnte in traditionalen Gesellschaften durch ihr „Monopol für die Einleitung aller der Kontakte (…), die zu

---

361   Vgl. Mützel 2008: 192.
362   Vgl. Bourdieu/Passeron 1971.
363   So z.B. bei Coleman 1995.
364   Vgl. Kneer 2004: 39.

dauerhaften Bindungen führen"[365] Sozialkapital akkumulieren und durch Heiratsstrategien selektiv weitergeben.

Doch welche Formen des Ausschlusses von sozialem Kapital gibt es heute? Sind neben den „klassischen" Formen exklusiven Sozialkapitals (Gruppen, Organisationen, Familien) auch soziale Netzwerke eine neue Ursache der Ungleichverteilung? Oder ist in der modernen „Netzwerkgesellschaft" der Zugang zu sozialem Kapital nicht insgesamt viel einfacher geworden? Finden sich gar – gewissermaßen als Gegenreaktion – Bereiche, die nur noch über das „richtige" soziale Kapital zugänglich sind, z.b. Eliten in Wirtschaft und Politik? Und wenn ja: Widerspricht die Bedeutsamkeit informeller Beziehungen nicht zunehmend der Selbstbeschreibung einer Gesellschaft als „Leistungsgesellschaft", in der in erster Linie der Bildungserfolg und individuelle Anstrengungen zählen?

Der Blick auf Bevölkerungsgruppen, die in der heutigen „Netzwerkeuphorie" am Rande stehen, sollte der zur Zeit florierenden Netzwerkforschung wichtig sein. Für die zweite und dritte Generation türkischer Migranten dürfte ihr soziales Kapital von entscheidender Bedeutung sein, um in die deutsche Gesellschaft hinein „Brücken zu bilden". Wie Bourdieu gezeigt hat, ist dies nur durch einen entsprechenden Einsatz im Spiel sozialer Felder möglich.

---

365   Bourdieu 1997: 66.

7 Literaturverzeichnis

Berlin-Institut für Bevölkerung und Entwicklung (2009): „Ungenutzte Potenziale. Zur Lage der Integration in Deutschland, URL: http://www.berlin-institut.org/fileadmin/user_upload/Zuwanderung/Integration_RZ_online.pdf (Letzter Zugriff: 22.11.10).

Bernhard, Stefan (2008): „Netzwerkanalyse und Feldtheorie. Grundriss einer Integration im Rahmen von Bourdieus Feldtheorie", in: Stegbauer, Christian (Hg.): Netzwerkanalyse und Netzwerktheorie. Ein neues Paradigma in den Sozialwissenschaften. Wiesbaden: VS-Verlag, S. 121-130.

Beckert, Jens (2005): „Soziologische Netzwerkanalyse", in: Kaesler, Dirk (Hg.): Aktuelle Theorien der Soziologie. Von Shmuel N. Eisenstadt bis zur Postmoderne. München: Beck.

Boissevain, Jeremy (1974): „Friends of Friends. Networks, Manipulators and Coalitions", Oxford: Basil Blackwell.

Borgatti, Stephen P./Jones, Candace/Everett, Martin G. (1998): "Network Measures of Social Capital", in: Connections, 21, 2, S. 27-36.

Bourdieu, Pierre/Passeron, Jean-Claude (1971): „Die Illusion der Chancengleichheit. Untersuchungen zur Soziologie des Bildungswesens am Beispiel Frankreichs", Stuttgart: Klett.

Bourdieu, Pierre (1979): „Entwurf einer Theorie der Praxis auf der ethnologischen Grundlage der kabylischen Gesellschaft", Frankfurt am Main: Suhrkamp.

Bourdieu, Pierre (1982): „Die feinen Unterschiede", Frankfurt am Main: Suhrkamp.

Bourdieu, Pierre (1985): „Sozialer Raum und ‚Klassen'. Leçon sur la leçon. Zwei Vorlesungen", Frankfurt am Main: Suhrkamp.

Bourdieu, Pierre (1989): „Antworten auf einige Einwände", in: Eder, Klaus (Hg.): „Klassenlage, Lebensstil und kulturelle Praxis. Beiträge zur Auseinandersetzung mit Pierre Bourdieus Klassentheorie", Frankfurt am Main: Suhrkamp.

Bourdieu, Pierre (1992a): „Ökonomisches Kapital – kulturelles Kapital – soziales Kapital", in: derselbe: Die verborgenen Mechanismen der Macht. Schriften zu Politik & Kultur 1, hrsg. v. Margareta Steinrücke, Hamburg: VSA-Verlag, S. 49-80.

Bourdieu, Pierre (1992b): „Rede und Antwort", Frankfurt am Main: Suhrkamp.

Bourdieu, Pierre (1993): „Soziologische Fragen", Frankfurt am Main: Suhrkamp.

Bourdieu, Pierre (1998): „Praktische Vernunft. Zur Theorie des Handelns", Frankfurt am Main: Suhrkamp.

Bourdieu, Pierre (2004): „Der Staatsadel", Konstanz: UVK Verlagsgesellschaft.

Bourdieu, Pierre/Wacquant, Loïc J. D. (1996): „Reflexive Anthropologie", Frankfurt am Main: Suhrkamp.

Bremer, Peter/Gestring, Norbert (2004): „Migranten – ausgegrenzt?",
in: Häußermann, Hartmut/Kronauer, Martin/Siebel, Walter (Hg.):
An den Rändern der Städte. Armut und Ausgrenzung. Frankfurt am
Main: Suhrkamp.

Bundesregierung (2010): „Erster Fortschrittsbericht zum nationalen
Integrationsplan", URL: http://www.bundesregierung.de/nn_774/
Content /DE/StatischeSeiten/Breg/IB/2008-11-06-erster-
fortschrittsbericht.html (letzter Zugriff: 22.03.2010).

Burt, Ronald S. (1984): "Network Items and the General Social Survey",
in: Social Networks, 6, S. 293-339.

Burt, Ronald S. (1992): "Structural Holes. The Social Structure of Com-
petition", Cambridge, Massachusetts/London: Harvard University
Press.

Burt, Ronald S. (2001): "Structural Holes versus Network Closure as
Social Capital", in: Lin, Nan/Cook, Karen/Burt, Ronald S. (Hg.): Social Capital. Theory and Research, New York: de Gruyter, S. 31-56.

Burt, Ronald S. (2005): "Brokerage and Closure. An Introduction to
Social Capital", Oxford: Oxford University Press.

Campbell, Karen E./Marsden, Peter V./Hurlbert, Jeanne S. (1986):
„Social resources and socioeconomic status", in: Social Networks, 8,
1, S. 97-117.

Coleman, James (1988): "Social Capital in the Creation of Human Capital", in: American Journal of Sociology, 94 (Supplement), S. 95-121.

Coleman, James (1995): „Grundlagen der Sozialtheorie. Band 1: Handlungen und Handlungssysteme", München: Oldenbourg.

Deth, Jan W. van (2001): „Ein amerikanischer Eisberg: Sozialkapital und die Erzeugung politischer Verdrossenheit", in: Politische Vierteljahreszeitschrift, 42, S. 275-282.

Diekmann, Andreas (1993): „Sozialkapital und das Kooperationsproblem in sozialen Dilemmata", in: Analyse und Kritik, 15, S. 22-35.

Diewald, Martin/Lüdicke, Jörg (2007): „Akzentuierung oder Kompensation? Zum Zusammenhang von Sozialkapital, sozialer Ungleichheit und subjektiver Lebensqualität", in: Lüdicke, Jörg/Diewald, Martin (Hg.): Soziale Netzwerke und soziale Ungleichheit. Zur Rolle von Sozialkapital in modernen Gesellschaften. Wiesbaden: VS-Verlag, S. 11-51.

Elger, Katrin/Kneip, Ansbert/Theile, Merlind (2009): "Für immer fremd", in: Der Spiegel 5/2009, S. 32-36.

Elias, Norbert/Scotson, John L. (1990): „Etablierte und Außenseiter", Frankfurt am Main: Suhrkamp.

Elias, Norbert (2003): „Die Gesellschaft der Individuen", Frankfurt am Main: Suhrkamp.

Elias, Norbert (2004): „Was ist Soziologie?", Weinheim: Juventa.

Elwert, Georg (1982): „Probleme der Ausländerintegration. Gesellschaftliche Integration durch Binnenintegration?", in: Kölner Zeitschrift für Soziologie und Sozialpsychologie, 34, S. 717-731.

Emirbayer, Mustafa (1997): "Manifesto for a Relational Sociology", in: The American Journal of Sociology, 103, 2, S. 281-317.

Esser, Harmut (1986): „Ethnische Kolonien: ‚Binnenintegration' oder gesellschaftliche Isolation?", in: Hoffmeyer-Zlotnik, Jürgen H.P. (Hg.): Segregation und Integration. Die Situation von Arbeitsmigranten im Aufnahmeland. Mannheim: Forschung Raum und Gesellschaft e.V./Quorum-Verlag, S. 106-117.

Esser, Hartmut (1990): „Interethnische Freundschaften", in: Esser, Hartmut/Friedrichs, Jürgen (Hg.): Generation und Identität. Theoretische und empirische Beiträge zur Migrationssoziologie. Opladen: Westdeutscher Verlag, S. 185-206.

Esser, Hartmut (2001): „Integration und ethnische Schichtung. Gutachten im Auftrag der Unabhängigen Kommission ‚Zuwanderung'", Arbeitspapier des Mannheimer Zentrums für Sozialforschung (MZES), Nr. 40, Mannheim.

Etzioni, Amitai (1995): „Die Entdeckung des Gemeinwesens: Ansprüche, Verantwortlichkeiten und das Programm des Kommunitarismus", Stuttgart: Schäffer-Poeschel.

Fernández-Kelly, M.P. (1995): "Social and cultural capital in the urban ghetto: implications for the economic sociology of immigration", in: Portes, Alejandro (Hg.): The Economic Sociology of Immigration – Essays on Networks, Ethnicity, and Entrepreneurship. New York: Russell Sage, S. 213-247.

Fischer, Claude (1982): "To Dwell Among Friends. Personal Networks in Town and City", Chicago: Chicago University Press.

Flap, Henk (1995): "No Man is an Island. The research Program of a Social Capital Theory", Paper presented at a workshop on rational choice and social networks, Jan. 26-28, Nias, Wassenaar.

Flap, Henk (2001): "No Man is an Island. The Research Program of a Social Capital Theory", in: Lazega, Emmanuel/Favereau, Olivier (Hg.): Conventions and Structures. Oxford: Oxford University Press.

Flap, Henk/Völker, Beate (2001): "Goal specific social capital and job satisfaction. Effects of different types of networks on instrumental and social aspects of work", in: Social Networks, 23, S. 297-320.

Franzen, Axel/Freitag, Markus (Hg.) (2007): Sozialkapital. Grundlagen und Anwendungen. Sonderband 47 der Kölner Zeitschrift für Soziologie und Sozialpsychologie. Wiesbaden: VS-Verlag.

Friedkin, Noah E. (2004): "Social Cohesion", in: Annual Review of Sociology, 30, S. 409-425.

Friedrichs, Jürgen (2008): „Ethnische Segregation", in: Kalter, Frank (Hg.): Migration und Integration. Sonderheft 48 der Kölner Zeitschrift für Soziologie und Sozialpsychologie. Wiesbaden: VS-Verlag, S.380-411.

Fuhse, Jan (2006): „Gruppe oder Netzwerk – eine begriffsgeschichtliche Rekonstruktion", in: Berliner Journal für Soziologie, 16, S. 245-263.

Gehmacher, Ernst (2004): „Sozialkapital. Basisinformationen", URL: http://www.umweltnet.at/article/articleview/26519/1/7804 (letzter Zugriff 22.03.10).

Gehmacher, Ernst/Kroismayr, Sigrid/Neumüller, Josef/Schuster, Martina (Hg.) (2006): „Sozialkapital. Neue Zugänge zu gesellschaftlichen Kräften. Wien: Mandelbaum Verlag.

Gestring, Norbert/Janßen, Andrea/Polat, Ayca (2006): „Prozesse der Integration und Ausgrenzung. Türkische Migranten der zweiten Generation", Wiesbaden: VS-Verlag.

Gluckman, Max (1955): "The Juridical Process among the Barotse of Northern Rhodesia", Manchester: Manchester University Press.

Granovetter, Mark (1973): "The strength of weak ties: A network theory revisited", in: Marsden, Peter V./Lin, Nan (Hg.)(1982): Social structure and network analysis. Beverly Hills: Sage. S. 105-130.

Granovetter, Mark (1976): "Getting A Job", Cambridge, Mass.: Harvard University Press.

Granovetter, Mark (1983): "The Strength of Weak Ties. A Network Theory revisited", in: Sociological Theory, 1, S. 201-233.

Gulas, Christian (2007): „Netzwerke im Feld der Macht. Zur Bedeutung des Sozialkapitals für die Elitenbildung", in: Nöstlinger, Elisabeth J./Schmitzer, Ulrike (Hg.): Bourdieus Erben. Gesellschaftliche Elitenbildung in Deutschland und Österreich, Wien: Mandelbaum-Verlag, S. 68-94.

Halm, Dirk/Sauer, Martina (2006): „Parallelgesellschaft und ethnische Schichtung", in: Aus Politik und Zeitgeschichte, 1-2/2006, Beilage zur Wochenzeitung Das Parlament, S. 18-24.

Haug, Sonja (1997): „Soziales Kapital. Ein kritischer Überblick über den aktuellen Forschungsstand", in: Mannheimer Zentrum für Europäische Sozialforschung (MZES), Arbeitsbereich II/Nr. 15, Mannheim; URL: http://www.mzes.uni-mannheim.de/publications/wp/wp2-15.pdf (letzter Zugriff: 22.03.2010).

Haug, Sonja (2000): „Soziales Kapital und Kettenmigration. Italienische Migranten in Deutschland", Schriftenreihe des Bundesinstituts für Bevölkerungsforschung, Band 31, Opladen: Leske+Budrich.

Haug, Sonja (2003): "Interethnische Freundschaftsbeziehungen und soziale Integration. Unterschiede in der Ausstattung mit sozialem Kapital bei jungen Deutschen und Immigranten", in: Kölner Zeitschrift für Soziologie und Sozialpsychologie, 55, 4, S. 716-736.

Haug, Sonja (2006): „Interethnische Freundschaften, interethnische Partnerschaften und soziale Integration", in: Diskurs Kindheit- und Jugendforschung 1, 1, S. 75-91.

Haug, Sonja (2007): „Soziales Kapital als Ressource im Kontext von Migration und Integration", in: Lüdicke, Jörg/Diewald, Martin (Hg.): Soziale Netzwerke und soziale Ungleichheit. Zur Rolle von Sozialkapital in modernen Gesellschaften. Wiesbaden: VS-Verlag, S. 85-111.

Haug, Sonja/Pointner, Sonja (2007): „Soziale Netzwerke, Migration und Integration", in: Franzen, Axel/Freitag, Markus (Hg.): Sozialkapital. Grundlagen und Anwendungen. Sonderband 47 der KZfSS. Wiesbaden: VS-Verlag, S. 367-396.

Häußling, Roger (2008): „Zur Verankerung der Netzwerkforschung in einem methodologischen Relationismus", in: Stegbauer, Christian (Hg.): Netzwerkanalyse und Netzwerktheorie. Ein neues Paradigma in den Sozialwissenschaften. Wiesbaden: VS-Verlag., S. 65-78.

Heitmeyer, Wilhelm (1998): „Versagt die „Integrationsmaschine" Stadt? Zum Problem der ethnisch-kulturellen Segregation und ihrer Konfliktfolgen", in: Heitmeyer, Wilhelm/Dollase, Rainer/Backes, Otto (Hg.): Die Krise der Städte. Analysen zu den Folgen desintegrativer Stadtentwicklung für das ethnisch-kulturelle Zusammenleben. Frankfurt am Main: Suhrkamp, S. 443-467.

Heitmeyer, Wilhelm/Müller, Joachim/Schröder, Helmut (1997): „Verlockender Fundamentalismus. Türkische Jugendliche in Deutschland", Frankfurt am Main: Suhrkamp.

Hennig, Marina (2008): „Mit welchem Ziel werden bestehende Netzwerke generiert?", in: Stegbauer, Christian (Hg.): Netzwerkanalyse und Netzwerktheorie. Ein neues Paradigma in den Sozialwissenschaften. Wiesbaden: VS-Verlag, S. 295-307.

Hillmann, Karl-Heinz (1994): „Wörterbuch der Soziologie", 4., überarbeitete und ergänzte Auflage, Stuttgart: Alfred Kröner Verlag.

Hollstein, Betina (2001): „Grenzen sozialer Integration. Zur Konzeption informeller Beziehungen und Netzwerke", Opladen: Leske+Budrich.

Hollstein, Betina (2007): „Sozialkapital und Statuspassagen – Die Rolle von institutionellen Gatekeepern bei der Aktivierung von Netzwerkressourcen", in: Lüdicke, Jörg/Diewald, Martin (Hg.): Soziale Netzwerke und soziale Ungleichheit. Zur Rolle von Sozialkapital in modernen Gesellschaften. Wiesbaden: VS-Verlag, S. 53-83.

Hollstein, Betina/Straus, Florian (2006) (Hg.): „Qualitative Netzwerkanalyse. Konzepte, Methoden, Anwendungen", Wiesbaden: VS-Verlag.

Holzer, Boris (2006): „Netzwerke", Bielefeld: transcript.

Hurlbert, J.S. (1991): "Social networks, social circles, and job satisfaction", in: Work and Occupations, 18, S. 415-430.

Höffling, Christian (2002): „Korruption als soziale Beziehung", Opladen: Leske+Budrich.

Hradil, Stefan (2006): „Die Sozialstruktur Deutschlands im internationalen Vergleich", Wiesbaden: VS-Verlag.

Jansen, Dorothea (1999): „Einführung in die Netzwerkanalyse. Grundlagen, Methoden, Anwendungen", Opladen: Leske+Budrich.

Jansen, Dorothea (2003): „Einführung in die Netzwerkanalyse. Grundlagen, Methoden, Forschungsbeispiele", Opladen: Leseke+Budrich, 2. erw. Aufl.

Janßen, Andrea/Polat, Ayca (2006): „Soziale Netzwerke türkischer Migrantinnen und Migranten", in: Aus Politik und Zeitgeschichte, 1-2/2006, Beilage zur Wochenzeitung Das Parlament, S. 11-17.

Joas, Hans/Knöbl, Wolfgang (2004): „Sozialtheorie. Zwanzig einführende Vorlesungen", Frankfurt am Main: Suhrkamp.

Jungbauer-Gans, Monika (2006): „Einleitende Betrachtungen zum Begriff ‚Sozialkapital'", in: Gehmacher, Ernst/Kroismayr, Sigrid/Neumüller, Josef/Schuster, Martina (Hg.): „Sozialkapital. Neue Zugänge zu gesellschaftlichen Kräften. Wien: Mandelbaum Verlag.

Klein, Ansgar/Kern, Kristine/Geißel, Brigitte/Berger, Maria (2004) (Hg.): „Zivilgesellschaft und Sozialkapital. Herausforderungen politischer und sozialer Integration", Wiesbaden: VS-Verlag.

Kneer, Georg (2004): „Differenzierung bei Luhmann und Bourdieu. Ein Theorienvergleich", in: Nassehi, A./Nollmann, G. (Hg.): Bourdieu und Luhmann. Ein Theorienvergleich, Frankfurt am Main, S. 25-56.

Koob, Dirk (2007): „Sozialkapital zur Sprache gebracht: Eine bedeutungstheoretische Perspektive auf ein sozialwissenschaftliches Begriffs- und Theorieproblem", Göttingen: Universitätsverlag.

Krackhardt, D. (1999): "Ties that torture: Simmelian tie analyses in organizations", in: Research in the Sociology of Organizations, 16, S. 183-210.

Kristen, Cornelia (2000): "Ethnic Differences in Educational Placement: The Transition from Primary to Secondary Schooling", Arbeitspapier des Mannheimer Zentrums für Europäische Sozialforschung, Mannheim.

Laumann, Edward O. (1973): "Bonds of Pluralism: The Form and Substance of Urban Social Networks", New York et al.: John Wiley & Sons.

Laumann, Edward O./Marsden, Peter/Prensky, David (1983): "The boundary specification problem in network analysis", in: Burt, Ronald S./Minor, Michael J. (Hg.): Applied network analysis. Beverly Hills: Sage, S. 18-34.

Levi, Margaret (1996): "Social and unsocial capital: A review essay of Robert Putnam's Making democracy work", in: Politics and society, 24, S. 45-55.

Lin, Nan (2001): "Building a network theory of social capital", in: Lin, Nan/Cook, Karen/Burt, Ronald S. (Hg.): Social Capital. Theory and Research, New York: de Gruyter, S. 3-30.

Lockwood, David (1969): „Systemintegration und Sozialintegration", in: Zapf, Wolfgang (Hg.): Theorien des sozialen Wandels. Köln: Kiepenheuer & Witsch, S. 124-137.

Marsden, Peter V. (1988): "Homogeneity in confiding relations", in: Social Networks, 10, S. 57-76.

Marsden, Peter V./Hurlbert, Jeanne S. (1988): "Social Resources and Mobility Outcomes: A Replication and Extension", in: Social Forces, 59, S. 1038-1059.

Matiaske, Wenzel/Grözinger, Gerd (Hg.) (2008): „Sozialkapital: eine (un)bequeme Kategorie", Reihe Ökonomie und Gesellschaft, Jahrbuch 20, Marburg: Metropolis Verlag.

Matiaske, Wenzel/Grözinger, Gerd (2008): „Sozialkapital – eine (un)bequeme Kategorie. Editorial", in: Matiaske, Wenzel/Grözinger, Gerd (Hg.): Sozialkapital: eine (un)bequeme Kategorie. Reihe Ökonomie und Gesellschaft, Jahrbuch 20, Marburg: Metropolis Verlag, S. 7-15.

McPherson, Miller/Smith-Lovin, Lynn/Cook, James M. (2001): "Birds of a feather. Homophily in Social Networks", in: Annual Review of Sociology, 37, S. 415-444.

Meier, Bernd (1996): „Sozialkapital in Deutschland. Eine empirische Skizze", Köln: Deutscher-Instituts-Verlag.

Moreno, Jacob Levy/Jennings, Helen H. (1937): "Statistics of social configurations", in: Sociometry, 1, S. 342-374.

Münch, Richard (1997): „Elemente einer Theorie der Integration moderner Gesellschaften. Eine Bestandsaufnahme", in: Heitmeyer, Wilhelm (Hg.): Was hält die Gesellschaft zusammen? Frankfurt am Main: Suhrkamp, 66-109.

Mützel, Sophie (2008): „Netzwerkperspektiven in der Wirtschaftssoziologie", in: Maurer, Andrea (Hg.): Handbuch der Wirtschaftssoziologie. Wiesbaden: VS-Verlag, S. 185-206.

Nauck, Bernhard (1986): „Der Verlauf von Eingliederungsprozessen und die Binnenintegration von türkischen Migrantenfamilien", in: Hoffmeyer-Zlotnik, Jürgen H.P. (Hg.): „Segregation und Integration. Die Situation von Arbeitsmigranten im Aufnahmeland. Mannheim: Forschung Raum und Gesellschaft e.V/Quorum-Verlag, S. 56-105.

Nauck, Bernhard (2002): „Dreißig Jahre Migrantenfamilien in der Bundesrepublik. Familiärer Wandel zwischen Situationsanpassung, Akkulturation, Segregation und Remigration", in: Nave-Herz, Rosemarie (Hg.): Kontinuität und Wandel der Familie in der BRD. Stuttgart: Lucius & Lucius, S. 315-339.

Nauck, Bernhard/Kohlmann, Annette (1996): „Family Networks, Intergenerative Transmission and Social Integration of Turkish Families", Paper presented at the conference „Migration and Ethnic Conflict" at the University of Mannheim, Juni 1996.

Nauck, Bernhard/Kohlmann, Annette (1998): „Verwandtschaft als soziales Kapital. Netzwerkbeziehungen in türkischen Migrantenfamilien", in: Wagner, Michael/Schütze, Yvonne (Hg.): Verwandtschaft: sozialwissenschaftliche Beiträge zu einem vernachlässigten Thema. Stuttgart: Enke, S. 203-235.

Nave-Herz, Rosemarie (2002): „Familie heute. Wandel der Familienstrukturen und Folgen für die Erziehung", 2. überarbeitete und ergänzte Auflage, Darmstadt: Primus.

Neckel, Sighard/Sutterlüty, Ferdinand (2005): „Negative Klassifikationen – Konflikte um die symbolische Ordnung sozialer Ungleichheit", in: Heitmeyer, Wilhelm/Imbusch, Peter (Hg.): Integrationspotenziale einer modernen Gesellschaft. Analysen zur gesellschaftlichen Integration und Desintegration. Wiesbaden: VS-Verlag, S. 409-429.

Pappi, Franz U. (1987): "Die Netzwerkanalyse aus soziologischer Perspektive", in: Ders. (Hg.): Methoden der Netzwerkanalyse. Techniken der empirischen Sozialforschung; Band 1. München: Oldenbourg.

Park, Robert Ezra (1928): „Human Migration and the Marginal Man", in: American Journal of Sociology, 23, 6, S. 881-893.

Parkin, Robert (1983): „Strategien sozialer Schließung und Klassenbildung", in: Kreckel, Reinhard (Hg.): Soziale Ungleichheit. Soziale Welt, Sonderband 2. Göttingen: Otto Schwartz & Co., S. 121-135.

Pfenning, Astrid/Pfenning, Uwe (1987): "Egozentrierte Netzwerke: verschiedene Instrumente – verschiedene Ergebnisse?", in: ZUMA-Nachrichten, 21, S. 64-77.

Portes, Alejandro (1998): „Social Capital: Its Origins and Applications in Modern Sociology", in: Annual Review of Sociology, 24, S. 1-24.

Portes, Alejandro (2000): "The Two Meanings of Social Capital", in: Sociological Forum 15, 1, S. 1-12.

Portes, Alejandro/Landolt, Patricia (1996): "The Downside of Social Capital", in: American Prospect, 94, 18-21.

Putnam, Robert (1993): "Making Democracy Work: Civic Traditions in Modern Italy", Princeton, NJ: Princeton University Press.

Putnam, Robert (1995): "Bowling Alone. America's Declining Social Capital", in: American Journal of Democracy, 6: S. 65-78.

Putnam, R. (1996): "The Strange Disappearance of civic America", in: American Prospect 24, S. 34-48.

Putnam, Robert (2000): "Bowling Alone. The Collapse and Revival of American Community", New York: Simon & Schuster.

Putnam, Robert/Goss, Kristin (Hg.) (2001): „Gesellschaft und Gemeinsinn. Sozialkapital im internationalen Vergleich", Gütersloh: Verlag Bertelsmann Stiftung.

Rippl, Susanne (2008): „Zu Gast bei Freunden? Fremdenfeindliche Einstellungen und interethnische Freundschaften im Zeitverlauf", in: Kalter, Frank (Hg.): Migration und Integration. Sonderheft 48 der Kölner Zeitschrift für Soziologie und Sozialpsychologie. Wiesbaden: VS-Verlag, S. 488-512.

Röhrle, Bernd (1994): „Soziale Netzwerke und soziale Unterstützung", Weinheim: Beltz, Psychologie-Verlags-Union.

Saint-Martin, Monique de (1980): „Une grande famille", in: Actes de la recherche en sciences sociales, no 31., S. 4-21.

Sauer, Martina/Halm, Dirk (2009): „Erfolge und Defizite der Integration türkeistämmiger Einwanderer: Entwicklung der Lebenssituation 1999-2008", Wiesbaden: VS-Verlag.

Schenk, Michael (1995): „Soziale Netzwerke und Massenmedien. Untersuchungen zum Einfluß der persönlichen Kommunikation", Tübingen: Mohr-Siebeck.

Schnur, Olaf (2008): „Gute Beziehungen, schlechte Beziehungen: Lokales Sozialkapital und soziale Integration von Migranten im Quartier", in: Forum Wohnen und Stadtentwicklung, Verbandsorgan des vhw, Bundesverband für Wohnen und Stadtentwicklung e.V., Berlin, FW 3, S. 138-144.

Schubert, Herbert (1990): „Private Hilfenetzwerke. Solidaritätspotentiale von Verwandtschaft, Nachbarschaft und Freundschaft. Ergebnisse einer egozentrierten Netzwerkanalyse", Institut für Entwicklungsplanung und Strukturforschung. IES-Bericht 204.90, Hannover.

Schuller, Thomas/Baron, Stephen/Field, John (2000): "Social Capital: A Review and Critique", in: Baron, Stephen/Field, John/Schuller, Thomas (Hg.): "Social Capital. Critical Perspectives", Oxford: Oxford University Press.

Schultheis, Franz (2008): „Pierre Bourdieus Konzeptualisierung von ‚Sozialkapital'", in: Matiaske, Wenzel/Grözinger, Gerd (Hg.): Sozialkapital: eine (un)bequeme Kategorie. Reihe Ökonomie und Gesellschaft, Jahrbuch 20, Marburg: Metropolis Verlag, S. 17-42.

Simmel, Georg (1992 [1908]): „Soziologie. Untersuchungen über die Formen der Vergesellschaftung", in: Rammstedt, Otthein (Hg.): Georg Simmel – Gesamtausgabe, Band 11, Frankfurt am Main: Suhrkamp.

Statistisches Bundesamt (2006): „Leben in Deutschland. Haushalte Familien und Gesundheit – Ergebnisse des Mikrozensus 2005", Wiesbaden: Destatis Presseexemplar.

Statistisches Bundesamt (2009): Bevölkerung und Erwerbstätigkeit. Bevölkerung mit Migrationshintergrund. Ergebnisse des Mikrozensus 2006", Wiesbaden: Destatis Presseexemplar

Stegbauer, Christian (2008): „Netzwerkanalyse und Netzwerktheorie. Einige Anmerkungen zu einem neuen Paradigma", in: Ders. (Hg.): Netzwerkanalyse und Netzwerktheorie. Ein neues Paradigma in den Sozialwissenschaften. Wiesbaden: VS-Verlag, S. 11-20.

Tocqueville, Alexis de (1976 [1835/1840]): „Über die Demokratie in Amerika", München: Deutscher Taschenbuch-Verlag.

Tränhardt, Dietrich (2000): „Einwandererkulturen und soziales Kapital. Eine komparative Analyse", in: Tränhardt, Dietrich/Hunger, Uwe (Hg.): Einwanderer-Netzwerke und ihre Integrationsqualität in Deutschland und Israel. Münster: LIT-Verlag, S. 15-51.

Treibel, Annette (1999): „Migration in modernen Gesellschaften. Soziale Folgen von Einwanderung, Gastarbeit und Flucht", 2. neubearbeitete und erweiterte Auflage, Weinheim/München: Juventa.

Twickel, Christian von (2002): „Beziehungen und Netzwerke in der modernen Gesellschaft. Sozialkapital und normative Institutionenökonomik", Münster: LIT-Verlag.

Van der Gaag, Martin/Snijders, Tom A. B. (2005): "Resource Generator: measurement of individual social capital with concrete items", in: Social Networks, 27, S. 1-29.

Wacquant, Loïc J. D. (1996): „Auf dem Weg zu einer Sozialpraxeologie. Struktur und Logik der Soziologie Pierre Bourdieus", in: Bourdieu, Pierre/Wacquant, Loïc J. D.: Reflexive Anthropologie. Frankfurt am Main: Suhrkamp, S. 17-93.

Wald, Andreas/Jansen, Dorothea (2007): „Netzwerke", in: Benz, Arthur/Lütz, Susanne/Schimank, Uwe/Simonis, Georg (Hg.): Handbuch Governance. Theoretische Grundlagen und empirische Handlungsfelder. Wiesbaden: VS-Verlag, S. 93-105.

Weber, Max (1968): „Gesammelte Aufsätze zur Wissenschaftslehre", Tübingen: J.C.B. Mohr (Paul Siebeck).

Weber, Max (1985): „Wirtschaft und Gesellschaft. Grundriß der verstehenden Soziologie", 5. Auflage, Tübingen: Mohr Siebeck.

Wellman, Barry/Wortley, Scot (1990): "Different Strokes from different Folks. Community Ties and Social Support", in: The Amercian Journal of Sociology, 96, 3, S. 558-588.

Wiley, Norbert F. (1970): "The Ethnic Mobility Trap and Stratification Theory", in: Rose, Peter I. (Hg.): The Study of Society. New York: Random House, 2. Aufl., S. 397-408.

Wimmer, A. (2002): „Multikulturalität oder Ethnisierung? Kategorienbildung und Netzwerkstrukturen in drei schweizerischen Immigrantenquartieren", in: Zeitschrift für Soziologie, 31, 1, S. 4-26.

Wimmer, Andreas (2008): „Ethnische Grenzziehungen in der Immigrationsgesellschaft. Jenseits des Herder'schen Commonsense", in: Kalter, Frank (Hg.): Migration und Integration. Sonderheft 48 der Kölner Zeitschrift für Soziologie und Sozialpsychologie. Wiesbaden: VS-Verlag, S. 57-79.

Wolf, Christof (2006): „Egozentrierte Netzwerke – Erhebungsverfahren und Datenqualität", in: Zeitschrift für Soziologie und Sozialpsychologie, Sonderheft 44, S. 245-273.

Zhou, Min/Bankston, Carl L. (1994): "Social Capital and the Adaption of the 2nd Generation – The Case of the Vietnamese Youth in New-Orleans", in: International Migration Review 28, S. 821-845.

Zhou, Min/Bankston, Carl (1998): „Growing Up American: How Vietnamese Immigrants Adapt to Life in the United States", New York: Russell Sage Foundation.